MW01280233

# Chamuyo porteño for export

conserve su identidad porteña en inglés

LEA FLETCHER (una baby boomer estadounidense con residencia fija en Buenos Aires desde 1981) es doctora en Letras hispánicas, investigadora del tema mujer y del género en la literatura argentina, co-fundadora de Sudestada–Asociación de Escritoras de Buenos Aires, directora de Feminaria Editora y la revista *Feminaria*. Es autora de *Modernismo. Sus cuentistas olvidados en la Argentina* y *Una mujer llamada Herminia*; compiló el libro *Mujeres y cultura en la Argentina del siglo XIX*. Además de estos libros y los numerosos artículos publicados sobre su especialidad, está por publicar su libro "Bibliografía de las narradoras argentinas, siglos XIX y XX".

DIANA LAMBRECHTS (una baby boomer argentina con residencia desde siempre en Buenos Aires) es profesora de inglés con treinta y siete años de experiencia. Fundó y dirige desde 1989 American Teaching Center, un centro de capacitación de idiomas para empresas. Desde hace años se dedica a estudiar y comparar las idiosincrasias lingüísticas y las pautas de diferentes culturas, particularmente del inglés y el español. Alterna esta actividad intelectual con frecuentes excursiones a la cocina donde investiga la repostería y pastelería del mundo, perfeccionándose en ellas.

Lea Fletcher
Diana Lambrechts

# Chamuyo porteño for export

conserve su identidad porteña en inglés

CATáLOGOS

Fletcher, Lea
Chamuyo porteño for export : conserve su identidad porteña en inglés / Lea Fletcher y Diana Lambrechts. — 1a. ed. — Buenos Aires : Catálogos, 2004.
148 p. ; 21x15 cm.

ISBN 950-895-181-8

1. Lexicografía Argentina–Buenos Aires 2. Lunfardo I. Lambrechts, Diana. II. Título
CDD 467.982 11D 3

Diagramación de tapa: *leaf*
sobre la litografía *Fröhlicher Aufstieg* (1923)
de *Wassily Kandinsky*
Dibujos del interior:
*Gabriela Páez*


Av. Independencia 1860
1225 Buenos Aires, Argentina
Tel. (54-11) 4381-5708 - Fax (54-11) 4381-5878

e-mail: chamuyoporteno@hotmail.com
Buenos Aires, República Argentina
Queda hecho el depósito que marca la ley 11.723
Impreso en la Argentina - *Printed in Argentina*

*Agradecemos a:*

*Cecilia Ferrari, Lucila Ferrari, José Luis Mangieri, Gabriela Páez, Jorge Páez, Selva Sandonato, Louise Popkin, Rogelio Pagano y numerosas colegas*

# INTRODUCCIÓN

La idea de este libro surgió hace quince años en una de nuestras reuniones en las que intercambiábamos conocimientos culturales y lingüísticos. Decidimos enfocar nuestra actividad desde este último aspecto y nos propusimos buscar equivalentes porteños para expresiones idiomáticas del inglés norteamericano.

Habíamos avanzado bastante poco en el emprendimiento cuando en uno de nuestros frecuentes "irse por las ramas", nos dimos cuenta, gracias a un episodio cómico, de que íbamos en la dirección equivocada: en una conversación con su esposo, Lea intentaba –sin éxito, obviamente– decirle "cómo venía la mano". La reacción de su marido fue totalmente inesperada, pues "se descostilló de la risa", ya que ella había salido con una expresión sin sentido para los oídos porteños: "te voy a decir cómo la vaca se comió el repollo". Al desconocer la expresión porteña, ella había acudido a una traducción literal del inglés que frustró su objetivo y eliminó con humor la discusión del momento. Comprendimos, entonces, para nuestra satisfacción, que toda persona desea expresarse desde su primera identidad idiomática, su lengua materna. También entendimos que el público lector de nuestro libro es porteño y que todas –o prácticamente todas– las publicaciones de modismos están pensadas desde el inglés al español. Fue justamente en ese momento cuando supimos lo que queríamos hacer: priorizar la cultura porteña sobre la norteamericana. Corregimos el rumbo y tomamos la dirección contraria, cambiando la orientación para ir desde el español porteño al inglés norteamericano, tanto en la traducción como en la organización de este libro. Quisimos ofrecer a la gente interesada en expresarse con los matices y el colorido que maneja en el español porteño la posibilidad de hacerlo en el inglés norteamericano, ya que los modismos son elementos lingüísticos cotidianos e imprescindibles que hacen a la dinámica y a la idiosincrasia de un idioma. Sin embargo, la gran mayoría no figura en los diccionarios comunes y, hasta la publicación del presente libro, no existía ninguna fuente de consulta como ésta.

Mencionamos anteriormente nuestra gran satisfacción. Esto merece una explicación para no pecar de inmodestas. Nos divertimos mucho, nos reímos como nunca imaginamos en una tarea tan supuestamente árida como escribir un libro de estas caractéristicas. También "nos rompimos la cabeza" en más de una ocasión buscando equivalentes que no siempre pudimos encontrar y en otras, comprobamos que, a pesar de las diferencias y la distancia, hay notables similitudes idiomáticas. Lo que en principio fue una búsqueda divertida, si bien nunca dejó de serlo, resultó ser una experiencia gratificante porque nos dio la oportunidad de saborear las riquezas idiomáticas en nuestra lengua madre respectiva y también en nuestra segunda lengua.

A lo largo de todos estos años, cuando en ocasiones estábamos "más perdidas que turco en la neblina" para encontrar equivalentes o a punto de "tirar la toalla", lo que nos motivó a seguir "poniendo pilas" fue compartir nuestros hallazgos y transmitir "lo bomba" que lo pasamos.

## Cómo usar este libro

Para el mayor deleite de la persona que recurra a este libro, consideramos importante guiarla en su uso.

**Búsqueda de palabras que aparecen en expresiones**

Están en orden alfabético según lo que consideramos la palabra clave de la expresión. Por ejemplo:

"tener la vaca atada", aparece en este libro de la siguiente manera: "**vaca**: **tener la vaca atada**".

Hay vocablos y modismos que tienen sinónimos. Cuando son menos de tres aparecen entre corchetes precedidos por la palabra "ver". Cuando son más de tres, todos aparecen agrupados en la Sección Especial, que se explica más adelante. La instrucción "ver" también se emplea para indicar que un significado del modismo en cuestión se encuentra en la Sección Especial. Por ejemplo:

"**curro**: **1.** algo muy ventajoso: racket; sweet deal [ver: tanga; tongo] **2.** negocio turbio: ver SE: 133"

También hay variantes para algunos vocablos que figuran entre corchetes precedidos por la abreviación "var.". Por ejemplo:

"**falluto**: **1.** falso: phoney **2.** traidor: doublecrosser [var.: falluteli]"

**Palabras que parecen ser errores de tipeo**

Respetamos el uso de palabras que han sido deformadas en su pronunciación y reproducimos su consiguiente representación ortográfica. Por ejemplo:

"lo atamo con alambre", en vez de "lo atamos con alambre".

**El uso de símbolos**

* el inglés no es un equivalente idiomático
✦ diferentes construcciones o elementos gramaticales
▼ el registro en inglés es más bajo que en español
▲ el registro en inglés es más alto que en español

**El vesre**

Aunque éste es un uso muy difundido en el habla porteño, no lo es entre las personas de Norteamérica. A veces supimos expresar la connotación. Por ejemplo: "feca": su acepción como bebida, tiene un equivalente en inglés, "java", mientras que su acepción de lugar, no lo tiene, por lo tanto está explicado:

"**feca**: **1.** bebida: java **2.** lugar: coffee house*; coffee shop*

## Género gramatical

Para los sustantivos y adjetivos adoptamos la terminación cuyo referente es el ser humano, no solamente el hombre, exceptuando los vocablos que se refieren expresamente a uno u otro sexo. Ejemplos:

cafisho: sólo para hombres
batilana; bicho: para hombres y mujeres
avión; máquina; budinazo: sólo para mujeres

## Inclusión de ciertos modismos

Por estar tan estrechamente asociados con la manera porteña de hablar, ciertos modismos están incluidos aunque figuran en los diccionarios. Por ejemplo: "macanudo", "bárbaro", "genial".

## Sección Especial

La agrupación de modismos en la Sección Especial se debe a nuestro objetivo de facilitar el uso de este libro de referencia. A este fin los vocablos y expresiones con más de tres sinónimos se encuentran en esta parte del libro. Cada conjunto de sinónimos aparece bajo una palabra del español estandard, es decir, un vocablo que figura en cualquier diccionario. A su vez, todos los conjuntos están ordenados alfabéticamente según esa palabra "guía". Por ejemplo: ABOGADO es la palabra guía debajo de la cual se encuentran los modismos "ave negra, boga, buitre, buscapleitos, lavandero, manyapapeles". La agrupación de modismos es por la temática y no por el registro, por ejemplo: para TONTO se encuentran modismos como "abombado, "boludo, "marmota, "no caza one", etc.

En algunos casos, como el "cuerpo" y la "fisiología", decidimos incluir todos los modismos bajo una sola palabra "guía"; sus respectivas subdivisiones están ordenadas alfabéticamente. Por ejemplo: CUERPO es la palabra "guía" principal y algunas de sus subdivisiones son "ano, boca, cabeza, cara, cerebro, corazón", etc. que son, a su vez, palabras "guía" que agrupan los respectivos sinónimos.

Incluimos unas páginas en blanco al final del libro para todas las personas interesadas en agregar otros modismos o hacer observaciones. También incluimos una dirección electrónica para que puedan comunicarse con nosotras.

# REVOLVER EL AVISPERO

**abarcar: el que mucho abarca, poco aprieta**: (it looks like) one has bitten off more than one can chew

**abatatado**: discombobulated

**abatatar**: to discombobulate

**ablandar**: **1.** coimear: to lubricate; to grease someone's palm **2.** ejercer presión: to put the squeeze on

**abombado**: dumbhead; dumb-dumb

**abriboca**: mooning; spacey

**abrir: en un abrir y cerrar de ojos**: in no time flat; in the bat of an eye; in the blink of an eye

**abrirse**: to break off; to duck out on

**abrochar**: **1.** concluir: to tie up the deal; to tie up the package; to wrap up **2.** perjudicar: to get it in the neck

**abrojar**: to stick like glue; to be (someone's) shadow

**acá: tener (a alguien) de acá para allá**: to give (someone) the runaround [ver: tener (a alguien) como bola sin manija]

**acabado**: finished; wasted

**acabar**: to come

**academia de barrio**: mom and pop operation

**acelerado**: **1.** excitado: turned on **2.** drogado: ver SE 116

**achancharse**: to let oneself go; to let oneself go to the dogs

**acobachar**: to squirrel away; to stash away [ver: amarrocar]

**acogotado**: up to one's neck in debt

**acordar: cuando te querés acordar**: before you (can even) turn around; before you realize it; the next thing you know

**adornar**: to buy off

**afeitado y sin visita**: all dressed up and nowhere to go; all dolled up and nowhere to go

**aferrarse con uñas y dientes**: to hang on tooth and nail

**afilar**: to kiss and hug; to neck

**aflojar: no aflojar**: to not give up; to hang in there

**a flote: estar a flote**: to keep one's head above water [var.: mantenerse a flote]

**agachada: mandarse una agachada**: to weasel out

**agarrar viaje**: to snap up

**agarrárselas con**: to take it out on

**agrandado**: blowhard; to have a high opinion of oneself

**agreta**: kvetch

**agua: como agua**: like hotcakes [ver: como pan caliente]

**agua: hacer agua**: to fall apart; to fall through

**agua: tirarse al agua**: to jump off into the deep end [ver: tirarse a la pileta vacía]

**aguas: aquietar las aguas**: to simmer things down; to calm things down

**aguafiestas**: wet blanket; party-pooper

**aguantadero**: **1.** escondite: hide–out **2.** lugar de encuentro: hang out

**aguantar**: **1.** esperar: to hold on; to hang on **2.** soportar: ver SE 141

**ahogado: manotazo de ahogado**: last resort

**ahogarse en un vaso de agua**: to make a mountain out of a mole hill

**ahora: todo bien por ahora**: fine for now

**¡aire!**: take a hike!; beat it! [ver: ¡tomátelas!]

**aire: el aire se corta con un cuchillo**: the air is so thick (that) you can cut it with a knife [var.: la atmósfera se corta con un cuchillo]

**aire: estar en el aire**: to be (up) in the air [ver: quedar boyando]

**airoso: salir airoso**: to come out on top [ver: salir ganador]

**alambre: lo atamo(s) con alambre**: to wing it; to play it by ear

**alma: ni un alma**: not a living soul

[ver: ni el loro]
**altura: a esta altura (de la soirée)**: at this stage of the game
**amansadora: comerse una amansadora**: to cool one's heels
**amarrocar**: to squirrel (away); to stash (away) [var.: marrocar] [ver: acobachar]
**amén de**: on top of all that; besides all that
**América: hacer la América**: to strike it rich
**amígdalas: tener las amígdalas bien puestas**: to have some kind of nuts
**amigovio**: the person one is dating*; the person one is seeing*; the person one is going out with*
**amoldás: te amoldás o te vas**: shape up or ship out
**amperímetro: no mueve el amperímetro**: it makes no nevermind
**ana–ana**: fifty–fifty
**analfabestia**: know–nothing
**andar: va a andar**: that'll fly
**andar bien con Dios y con el diablo**: fence-sitter
**anillo: como anillo al dedo**: just what the doctor ordered
**anillos: no se me van a caer los anillos**: I'll get by; I'll survive; I'll make out
**antenas: tené las antenas paradas**: put your ears on
**antenas: tener las antenas paradas**: little pitchers have big ears [usado para los niños]
**añares**: ages
**año del pedo**: older than shit
**aparato**: **1.** tonto: ver SE 142 **2.** estrafalario: quirky [var.: aparatoski] **2.** testículos y pene: ver SE 111
**apiolarse**: to wise up
**apoliyar**: to get some shut–eye
**aprendiz de mucho, oficial de nada**: jack of all trades, master of none
**apretar**: **1.** en lo sexual: to be all over one another; to pet [ver: chamuyar; transar] **2.** presionar: to corner; to put the squeeze on
**apuestas: subir las apuestas**: to up the ante [var.: doblar las apuestas]
**apunte: llevar el apunte**: to pay mind
**apuros: sacar de apuros**: to save the bacon; to help out
**aquellos: de aquellos**: (para enfatizar) heck of a [ver: machazo; padre]
**arbolito**: bookie
**archivar**: to backburner; to put on hold; to put on the backburner; to shelve [ver: cajonear; dejar en veremos]
**arma de doble filo**: double-bladed weapon

**arpa: estar más cerca del arpa que de la guitarra**: to be at death's door [ver: estar con un pie del otro lado; pedir pista]
**arrasar con todo**: **1.** destruir: wipe out **2.** ganar: to have a landslide victory
**arrastre: tener arrastre**: **1.** to have an in; to have influence [ver: tener cuña] **2.** ser popular: to be popular*; to be well-liked* [ver: levante]
**arreglátelas**: to be on one's own; to be creative
**arriba: de arriba**: freebie; free gratis [ver: gratarola]
**arribita: por arribita**: to give (something) a once over lightly
**arriesga: el que no arriesga no gana**: nothing ventured, nothing gained
**arrimar**: to make a move; to make advances [var.: arrimar la chata]
**arrugue**: cold feet
**arrugón de mierda**: chicken shit
**arruinarlo**: to blow it [ver: sonarlo]
**ascuas: estar en ascuas**: to be on tenterhooks; to sit on the edge of one's chair
**asignatura pendiente**: unfinished business
**aspamentar**: to make a big deal (about) [ver: hacer bambolla]
**aterrizar**: to come down to earth
**atorrante**: **1.** vagabundo: hobo; tramp **2.** malhechor: lowlife
**atorrantear**: **1.** vagabundear: to hobo around **2.** ejercer la prostitución: ver SE 140
**atracar**: to try to get into someone's pants
**avestruz: ser como el avestruz**: to hide one's head in the sand; to bury one's head in the sand
**avispero: revolver el avispero**: to stir up the hornets' nest
**avivarse**: **1.** tomar conciencia: to wake up (and smell the coffee); to get a clue; to catch on; to wise up [ver: caerse del catre] **2.** sacar ventaja: to take advantage of a situation
**avivol: tomar avivol**: to take a smart pill
**ayunas: estar en ayunas**: to be in the dark

# VENDER UN BUZÓN

**bacán**: dandy
**bagayero**: someone who runs contraband*
**bailar a alguien**: to keep someone stepping and fetching
**bailar con la más fea**: to get the short end of the stick
**¡bailemos!**: let's rock and roll!
**bajativo**: something to help one's digestion*
**bajón**: downer
**bajón: ¡qué bajón!**: what a downer!
**bajoneado**: down in the dumps; bummed out [ver: tirado (como el perejil)]
**bajonear**: to bum (out)
**balconear**: to kill time people watching
**balurdo**: **1.** confuso: stew **2.** engaño **3.** engaño: ver SE 118
**balurdo: cargar con el balurdo**: to drop this on; hang this on; pin this on; rap with [ver: cargar con el muerto; cargar con la mochila]
**bambalinas: detrás de las bambalinas**: behind the scenes [ver: trastienda]
**bambolla: hacer bambolla**: to

make a big deal (about) [ver: aspamentar]

**banana**: smart cookie

**banca: hacer saltar la banca**: to break the bank; to hit the jack pot

**bancar**: **1.** soportar: ver SE 141 **2.** financiar: to bank roll **3.** esperar: to hold on **4.** ayudar: to lend a hand

**banda: dejar en banda**: to leave someone high and dry [ver: largar duro]

**banda: estar en banda**: to be bumfuzzled

**banda: irse en banda**: to flop

**bandearse**: to overstep the boundaries

**bandera: hacer bandera**: to make a big deal of; to make a federal case (out of)

**barajar posibilidades**: to look at one's possibilities*; to look over one's possibilities*

**baranda**: funky⁺

**barata: sacarla barata**: to get off light; to get off easy

**baratieri**: schlocky [var.: barateli]

**bardo: armar un bardo**: to start a heck of a mess; to start a helluva mess▼; to start a bitchin' mess▼

**bardo: hacer (un) bardo**: to make a heck of a mess; to make a helluva mess▼; to make a bitchin' mess▼

**bardo: tener (un) bardo**: **1.** armar lío: to have a helluva mess▼; to have a bitch of a mess▼ **2.** confundido: ver SE 108

**barra: la barra**: the gang (of friends)

**barra brava**: hooligans

**barril sin fondo**: bottomless pit; hollow leg

**bartola: hacer (algo) a la bartola**: to do a sorry job (of) [ver: a la que te criaste; a los ponchazos]

**bártulos**: stuff

**basofia**: crappy; lousy⁺

**batacazo**: home run; touchdown [ver: golazo; gol de media cancha]

**batacazo: dar un batacazo**: to win unexpectedly*

**batuque**: hullabaloo

**bebido: café bebido**: just coffee [var.: mate bebido; té bebido]

**beine beneta**: camel jammer; rag head; sand nigger [ver: turco]

**bemoles: tener sus bemoles**: to have its problems; to have its rough spots

**berreta**: **1.** ordinario: ver SE 135 **2.** falso: fake, phony [ver: trucho]

**berretín: tener un berretín**: to have a hang up for; to have a thing about; to have a craving for

**bestia: a lo bestia**: any which way [ver: a lo loco]

**biaba: darse una biaba**: **1.** hacer

algo en exceso: to go overboard (on) **2.** pegar: ver SE 135 **3.** maquillarse en exceso: to slap on the paint

**bicicletear**: **1.** trampear comercialmente: to mess around (on) [ver: pedalear] **2.** eludir tomar una decisión: to put off a decision [ver: pedalear]

**bien: está todo bien**: chill out*

**blanco fácil**: sitting duck

**blanquear**: to come clean

**bleque**: war paint [ver: panqueque; revoque]

**bobina: se hace el bobina**: to play dumb

**boca: de boca en boca**: by word of mouth

**boca: de la boca para fuera**: all blow and no go; empty words

**boca: en boca cerrada no entran moscas**: the less said, the better

**boca: irse de boca**: **1.** hablar de más: to run off at the mouth; to shoot one's mouth off [ver: zarparse] **2.** ser insolente: to lip off; to mouth off [ver: zarparse]

**boca: ¡qué la boca se te haga a un lado!**: perish the thought!; God forbid!

**bochar**: to flunk

**bocho: hacer el bocho**: to talk into

**bocho: hacerse el bocho**: **1.** sugestionarse: to get into one's head **2.** fantasear sexualmente: to get hot and bothered; to get turned on [ver: ratonearse] **3.** entusiasmarse: to have a thing about; to get turned on

**bocón**: **1.** alguien que habla de más: big mouth; blabber mouth [ver: buchón] **2.** informante: ver SE 127

**bodegón**: greasy spoon [ver: fonda]

**bola**: **1.** mentira: BS; hockey **2.** rumor: rumor; word

**bola: andar como bola sin manija**: to be in a fog

**bola: correrse la bola**: word gets around

**bola: dar bola**: to pay attention to* ▲ [ver: dar pelota]

**bola: no dar bola**: to blow off▲ [var.: no dar ball] [ver: no dar pelota]

**bola: tener (a alguien) como bola sin manija**: to give (someone) the runaround[ver: tener (a alguien) de acá para allá]

**bolas: estar en bolas**: **1.** estar desnudo: to be butt-naked [ver: estar en pelotas] **2.** no saber nada: to not know shit (about); to not have a fucking idea (about) [ver: estar en pelotas] **3.** no tener dinero: ver SE 113 [var.: estar en bolastras; estar en bolainas] [ver: estar en pelotas]

**bolas: poner bolas**: to show some balls; to show some cojones [ver: poner huevos]

**bolas: quedarse en bolas**: **1.** no entender: to not get diddly–squat **2.** quedarse sin nada: to wind up with diddly–squat [ver: quedarse en pelotas]

**bolas: romper las bolas**: to bust (someone's) balls [var.: hinchar las pelotas]

**bolas: tenerlo agarrado de las bolas**: to have (someone) by the balls; to have [someone] by the short hairs [ver: tener agarrado de las pelotas]

**bolas: tener bolas**: to have balls; to have cojones [ver: tener pelotas; tener cojones]

**bolas: tener las bolas bien puestas**: to have some kind of balls; to be ballsy

**bolas tristes**: poor bastard

**bolada**: stroke of luck; lucky break

**boleta**: dead duck

**boletero**: fibber

**boliche**: joint

**boliche de mala muerte**: low-rent joint; dive

**bolilla: dar bolilla**: to give (someone) the time of day

**bolonqui**: mess

**bolsero**: wholesaler*

**boludol: tomar boludol**: to take a dumb pill▲; to take a stupid pill▲

**bomba: pasarla bomba**: to have a ball; to get one's cookies

**bombo: echar al bombo**: to mess over [var.: mandar al bombo; tirar al bombo]

**bombo: hacerle el bombo**: to knock (someone) up

**bombo: nadie se tira al bombo en el Pellegrini**: no one plays to lose when the stakes are high

**borda: irse por la borda**: to go over the top

**borrar con el codo lo que escribió con la mano**: to go back on one's word

**borrarse**: to cop out on; to back out on [ver: irse al mazo]

**borrón: hacer borrón y cuenta nueva**: to wipe the slate clean and start fresh

**bosta**: horse shit; bull shit

**bote a bote**: full to the brim [ver: hasta la manija]

**botonear**: **1.** mandar al frente: to make (someone) stick their neck out; to make (someone) do the dirty work **2.** informar un secreto: ver SE 127

**boyando: quedar boyando**: to be left hanging; to be in the air [ver: en el aire]

**brazo: no dar el brazo a torcer**: to not let anyone twist one's arm

**broche final**: neat little package [var.: broche de oro]

**broma: fuera de broma**: no joke; no joking; no kidding; all joking aside; all kidding aside

**buche: al buche**: to put on the feedbag*

**buchón**: **1.** big mouth; blabber mouth [ver: bocón] **2.** informante: ver SE 127

**buenas: de buenas a primeras**: out of the blue

**buenas: en las buenas y en las malas**: through thick and thin

**buenas: por las buenas o por las malas**: by hook or crook

**bueno: más bueno que Lassie**: as good as they come; the salt of the earth; as good as they can be [ver: pan de Dios]

**bueyes: hablar de bueyes perdidos**: to shoot the breeze; to make small talk; to talk about anything and nothing

**bulín**: **1.** departamento: place, digs, pad [ver: depto] **2.** para encuentros amorosos: hideaway [var.: bulo]

**buraco: hacer un buraco**: to put a hole in; to shoot a hole in

**burrero**: man of the turf

**buscavidas**: go–getter

**buscarroña**: troublemaker

**buzón: vender un buzón**: to feed a line; to hand a bill of goods; to sell a bill of goods [ver: vender una nube]

# CALAVERA NO CHILLA

**caballito de batalla**: (old) stand by; old tried and true*

**caballo: subido al caballo**: on one's high horse [ver: subido al pedestal]

**cabeza: abrirle la cabeza**: to blow one's mind

**cabeza: arrancar la cabeza**: to take to the cleaners [ver: dar con un caño]

**cabeza: llenar la cabeza**: to fill one's head [ver: dar manija]

**cabeza: partírsele la cabeza (en dos)**: to have a splitting headache

**cabeza: subírsele a la cabeza**: to have the big head; to get the big head; to go to one's head

**cabeza de turco**: stooge; front

**cabezas: cortar cabezas**: to make cutbacks; downsize; chop off heads

**cabezón**: **1.** terco: pig–headed **2.** cabeza: ver SE 109

**cable a tierra**: ...keeps me sane; ...keeps me from going off the deep end; ...keeps me from going overboard; ...keeps things in perspective

**cables pelados: tener los**

**cables pelados**: one's nerves are frazzled [ver: tener los nervios de punta]
**cabos sueltos**: loose ends
**cachar: 1.** sorprender en falta: ver SE 141 **2.** entender: to get it; to catch on [ver: cazar]
**cachar giles**: to take a bunch of jerks for a ride
**cachas: las cachas y las lolas**: tits and ass
**cachivache**: junk
**cachivachero**: junk collector [ver: ciruja]
**cacho**: smidgen
**cachuzo**: worn out; older than dirt
**cadáveres: pisar cadáveres**: to walk all over people
**caer como un baldazo de agua fría**: to throw cold water on; to hit someone like a ton of bricks; to be a slap in the face
**caer en saco roto**: to fall on deaf ears
**caerle como el culo**: to go down like (fucking) shit; to go over like (fucking) shit [var.: caerle como el orto]
**caerle bien**: to make a good impression (on)
**caerle mal**: **1.** para personas: to rub someone the wrong way **2.** para alimentos y remedios: to not sit well with someone
**caer parado**: to land on one's feet
**caerse muerto: no tener donde caerse muerto**: to have no place to call home; to have no place to hang one's hat
**cagada: hacerle una cagada**: to do something shitty to someone
**cagada: ser una cagada**: to be a piece of shit
**cagadas: decir cagadas**: to be full of shit
**cagado en guita**: (someone who) shits in high cotton
**cagado: más cagado que palo de gallinero**: to be shit out of luck
**cagador**: someone who fucks one over⁺ [var.: garcador; garca; garqueta]
**cagar (a alguien)**: to shit all over (someone); to pull shit on (someone); to screw (someone) [var.: cagar bien finito]
**cagar fuego**: **1.** salir mal: to crap out **2.** morir: ver SE 132
**cagar más alto que el culo**: to think one's shit doesn't stink
**cagarse de calor**: to have a fucking heat stroke
**cagarse de frío**: to be fucking freezing to death [var.: cacarearse de frío]
**cagarse de miedo**: (to be so afraid that) one shits on oneself
**cagarse de risa**: to laugh one's fucking head off
**cagarse en**: to not give a shit about; to not give a fuck about
**cagarse en las patas**: to shit all

over oneself

**cagazo: pegarse un (flor de) cagazo**: to get the (holy) shit scared out of one

**cagazo: tener un cagazo**: to be scared shitless

**cagón**: chickenshit

**cajonear**: to backburner; to put on the backburner; to put on hold [ver: archivar; dejar en veremos]

**cal: una de cal y otra de arena**: something good, something bad*

**calambre: dar calambre: 1.** poner tenso: to tie up in knots **2.** acentuar: ...to die for; as good as it comes; as good as it gets

**calar**: to have one's eye on someone [ver: fichar; junar]

**calar: tener (a alguien) calado**: to have someone's number [ver: tener junado; tener fichado]

**calavera**: night owl

**calavera: calavera no chilla**: you've made your bed, now lie in it

**calce: dar calce**: to give a break

**calentarse**: to get worked up

**calentón**: hothead

**calienta sillas: 1.** perezoso: coffee cooler; lazybones; piker **2.** hombre reticente al matrimonio: gun shy; (a person who) shies away from the altar

**caliente: 1.** enojado: ver SE 119 **2.** excitado sexualmente: horny **3.** excitado acerca de algo: charged up; jazzed [var.: calentito]

**calla: el que calla otorga**: silence gives consent; silence means consent

**calle: la calle está dura**: tough times; hard times; it's a jungle out there

**calle: tener calle**: to be street smart; to have street smarts; to know one's way around [ver: tener esquina; tener estaño]

**calor: ¡qué calor!**: how embarrassing!*; how awkward!*

**calvo: ni tanto ni tan calvo**: I wouldn't go so far as that

**calzón: hablar a calzón quitado**: to speak one's mind; to talk with no holds barred; to talk on an open-kimono basis

**calzonudo**: hen–pecked [ver: pollerudo]

**cama: hacerle la cama**: to set (someone) up [var.: tenderle la cama]

**cama: quedar de cama**: to be dead tired

**cama redonda**: daisy chain

**camandulero**: politician; creator; song and dance guy [ver: versero]

**cambiazo: hacer el cambiazo**: to make a change–o; to pull a change–o

**cambio: bajar un cambio**: to let up; to take it easy

**caminar (a alguien)**: to bypass someone [ver: puentear]

**camisa: meterse en camisa de once varas**: to get (oneself) into a real tight spot

**camiseta: cambiar de camiseta**: to sell out

**camiseta: perder hasta la camiseta**: to lose one's shirt; to lose the shirt off one's back

**camiseta: ponerse la camiseta**: to wear the colors of

**campamento: levantar campamento**: to pick up one's marbles and leave; to pull up stakes

**campana**: lookout*

**campanas: escuchar las dos campanas**: to hear both sides of the story

**campante: lo más campante**: **1.** despreocupado: laid-back [ver: lo más choto] **2.** orgulloso: cocky; uppity

**cana: tirarse una cana al aire**: to have a fling

**canas: sacarle canas verdes**: to drive (someone) nuts; to drive (someone) bananas; to drive (someone) bonkers

**cancha: ¡abran cancha!**: heads up!

**cancha: abrir cancha**: to open the way

**cancha: embarrar la cancha**: to foul things up

**cancha: tener cancha libre**: to have an open field

**canchereada**: slick*; cool* [ver: piolada]

**cancherear**: to show off

**canchero: estar canchero**: to know the ropes; to know one's way around

**canchero: ser canchero**: rad; to be with it; to be a with-it person; cool [var.: cheronca]

**candelero: estar en el candelero**: to be in the limelight; to be in the spotlight

**canita: tirarse una canita al aire**: **1.** darse un gusto: to pamper oneself **2.** permitirse un exceso: to splurge; to treat oneself

**cantado: estar cantado**: to be in the cards [ver: estar escrito]

**cantar: ser otro cantar**: to be a horse of a different color; to be another cup of tea [ver: ser harina de otro costal]

**cantar la justa**: to tell the gospel truth

**cantar victoria antes de tiempo**: to not count one's chickens before they hatch

**cantinela**: fish story; fish tail; line [ver: sanata; verso]

**cantó: porque se me cantó**: because I got a wild hair

**cantó: porque se me cantó el culo**: because I got a wild hair

up my ass
**cantos: mover los cantos**: to shake a leg
**caño: dar con un caño**: **1.** criticar: ver SE 108 **2.** cobrar demás: to take to the cleaner's [ver: arrancar la cabeza]
**caño: vivir en un caño**: to live in a shanty
**cañón: estar al pie del cañón**: to keep one's powder dry; to be on one's toes
**caños: andar en los caños**: to live from hand to mouth [var.: estar en los caños] [ver: vivir al día]
**caños: irse a los caños**: to go down the drain; to go down the tubes [var.: irse por los caños]
**capitán: donde manda capitán, no manda marinero**: the cook has the run of the kitchen
**capote: hacer capote**: to luck out
**caput**: kaput
**cara: al mal tiempo, buena cara**: keep a stiff upper lip
**cara de culo**: to have a shitty expression on one's face; to have a shit-eating expression on one's face
**cara de orto**: to have a shitty-ass expression on one's face
**cara: poner la cara**: to take the flak; to take the rap; to take the heat; to catch all the shit▼
**cara: tener cara larga**: to be in a sulk
**cara: verle la cara**: to see someone coming
**caracúlico**: shitface
**caradura**: barefaced; bold as brass [var.: cararrota; cara de piedra]
**carajada**: piece of shit
**carajo: hacer (algo) como el carajo**: to do the shittiest job of... [ver: hacer (algo) como la mierda]
**carajo: importarle un carajo**: to not give a shit; to not give a rat's ass
**carajo: irse al carajo**: **1.** irse a la ruina: to turn into shit **2.** equivocarse: to be way the hell out of line; to be way the hell off base
**carajo: no saber un carajo de nada**: to not know jack shit; to not know one's ass from a hole in the ground; to not know shit from shinola
**carajo: sentirse para el carajo:** to feel like hell (warmed over); to feel like shit (warmed over) [ver: sentirse como el culo]
**carambola: de pura carambola**: just good luck
**caramelo: a punto caramelo**: on the brink
**caras: hacer caras**: to make faces; to pull a face [var.: poner cara]
**carburar**: to hit on all 6's; to hit on all 8's

**carcamán**: old codger; old geezer

**carcome: me carcome una duda**: something's eating me

**carcomiendo: ¿qué te está carcomiendo?**: what's eating you?

**carga: volver a la carga**: to not let up; to not throw in the towel

**cargada**: put-on

**carpa: vivir en una carpa**: to be raised in a barn

**carrera: estar en carrera**: to be in the running

**carro: ¡pará el carro!**: hold it right there!

**carro: parar el carro**: to pull up short; to stop cold in one's tracks; to stop dead in one's tracks

**cartas: poner las cartas sobre la mesa:** to put one's cards on the table

**cartón lleno**: if it's not one thing, it's another; it's another one of those days; (one's) bingo card is full

**cartón: tras cartón pintado**: to top it off

**cartucho: comerse un cartucho**: to have a piece of cherry pie

**cascabel: ¿quién le pone el cascabel al gato?**: who's going to bell the cat?

**cáscara: pura cáscara**: all show (and no go)

**cascote**: **1.** para un hombre: old fossil; oldster; old–timer **2.** para una mujer: old girl; old dame **3.** tonto: ver SE 142

**casos**: **1.** en el mejor de los casos: at best **2.** en el peor de los casos: at (the) worst; if worse comes to worst

**caspa: dar un ataque de caspa**: to rattle (one's nerves)

**cassette: darle cassette**: to give someone ammunition [ver: dar letra; dar pie]

**catre: caerse del catre**: to wake up (and smell the coffee); to get a clue; to catch on [ver: avivarse]

**cazar**: **1.** sorprender en falta: ver SE 141 **2.** entender: to get it; to catch on [ver: cachar]

**cazar: no cazar ni una**: **1.** no entender: to flat out miss the boat; to flat out miss the bus [var.: no cazar one; no cazar un cuero] [ver: no entender un pomo] **2.** tonto: ver SE 143

**celeste: el que quiere celeste, que le cueste**: no pain, no gain

**centavos: por dos centavos**: for a song (and a dance) [ver: chirolas]

**cerca: ni cerca**: not even close

**cero al as**: chromosome

**cero: empezar de cero**: to start from scratch; to get a fresh start

**cero kilómetro**: **1.** para las cosas: brand new; brand, spanking new **2.** para las personas: healthy as a horse

**cerrar el pico:** to zip one's lip; to shut one's trap

**cerrar: no me cierra**: I just can't figure it (out)

**cerrojo: destrabar el cerrojo**: to be a cherry picker

**chacabuco:** bad shape

**cháchara: pura cháchara**: empty talk

**chacota**: **1.** tomar (algo) a la chacota: to be *dégagé* **2.** hacer (algo) a la chacota: to do a half-baked job; to do (something) hit-or-miss

**chamuyar**: **1.** en lo sexual: to be all over one another; to pet [ver: apretar; transar] **2.** flirtear: to schmooze [ver: parlar] **3.** conversar y persuadir: to pitch; to talk up [var.: chamullar] [ver: parlar]

**chancha: querer la chancha y los veinte**: to want to have one's cake and eat it too

**chanchada**: gross

**chancho: a cada chancho le llega su San Martín**: to get one's comeuppance

**chanchos: ser como chanchos**: to be thick as thieves; to be (real) tight

**chancleta**: baby girl*

**chancleta: tirar la chancleta**: **1.** soltarse: to let one's hair down **2.** ser infiel: to mess around (on)

**changas: hacer changas**: to moonlight

**changas: vivir de changas**: to do odd jobs

**chanta**: con artist; social engineer [var.: chantapufi; chantún; chantunazo]

**chanta: tirarse a chanta**: to goof off

**chapa: dar chapa**: to put another feather in one's bonnet [ver: dar lustre]

**chapa: darse chapa**: to show off

**chapar**: **1.** sorprender en falta: ver S E 141 **2.** apretar: to put the squeeze on (a person at a dance) **3.** agarrar: to get one's hands on

**chapas: se le vuelan las chapas**: one's head is turning into a cueball

**chapucear**: to fake it; to wing it; to shuck

**charlarse todo:** to talk one's ear off

**charlatán**: motormouth [var.: charleta] [ver: parlatutti]

**chasquearse**: to botch; to mess up; to slip up [ver: ensartarse]

**chaucha**: advantageous*; beneficial*; favorable*

**¡chau pinela!**: and that's it!; and that's all there is to it [var.: chaupicho] [ver: a otra cosa, mariposa; listo el pollo]

**che pibe**: gopher
**cheque rebotado**: (someone's) check bounced
**cheque volador**: rubber check
**chicato**: near-sighted*; short-sighted*; Mr. Magoo [var.: chicateli; chicatón]
**chicha: ni chicha ni limonada**: neither fish nor fowl [ver: ni fu ni fa; ni una ni otra]
**chiche**: cute; eye candy [var.: chiche bombón]
**chiche: con todos los chiches**: with all the bells and whistles
**chichonear**: to poke fun at
**chicle: hacerse de chicle**: to drag on and on and on
**chiflarle**: to give (someone) a whistle; to give (someone) a ring
**chillar**: to holler
**chimentar**: to gossip*
**chimento**: dirt; scuttlebutt
**¡chin chin!**: cheers! [ver: ¡salud!]
**chinchudo**: **1.** estar chinchudo: to be cross; to be grumpy **2.** ser chinchudo: to be ill-tempered
**chingarle**: to screw up
**chino básico**: Greek
**chiquitaje**: small potatoes
**chirimbolo**: thing-a-ma-jig; whatcha-ma-call-it; tchotchke [ver: coso; cusifai]
**chirolas: por chirolas**: for a song (and a dance) [ver: por dos centavos]
**chispa**: quick-witted
**chispa: poner chispa**: to make upbeat
**chispita**: get-up-and-go; perky; pizzazz; zingy, zip [var.: rechispita] [ver: pizpireta]
**chispotear**: to pull a boner
**chivo**: **1.** publicidad encubierta: plug **2.** mal olor: to stink to high heaven*; to smell like yesterday's garbage*; gamey
**¡chocá los cinco!**: give me five! [ver: ¡vamos todavía!]
**chocho (de la vida)**: happy as a clam; happy as can be; tickled pink; tickled silly; tickled to death; tickled to pieces
**¡chocolate por la noticia!**: what was your first clue!; brilliant deduction!; brilliant discovery! [ver: respuesta cantada]
**cholulo**: *People* magaziner; *People* magazine reader; *People* magazine subscriber; star chaser
**choto: lo más choto**: laid-back [ver: lo más campante]
**choto: viejo choto**: old fart
**chuchi**: pretty as a picture
**chucho**: **1.** miedo o nervios: jitters **2.** frío: chilly*
**chuparse: no chuparse el dedo**: to be no one's fool; to not be born yesterday [ver: no comer vidrio; no pellizcar espejos]
**chupar: me chupa un huevo**: I don't give a damn; I don't give

a shit [var.: me chupa un huevo]

**chupatintas**: paper–pusher; pencil–pusher [ver: empujalápices]

**chupón**: soul kiss

**churrete: tomar para el churrete**: to razz [ver: tomar para la farra; tomar para la joda]

**churros: ¡andá a freír churros!**: go jump in a lake! [ver: andá a freír papas]

**chusma**: **1.** chismoso: gossipmonger* **2.** gente de baja condición social: rabble; riff raff

**chusmear**: to gossip*; to dish out the dirt

**ciegas: comprar a ciegas**: to buy sight unseen

**ciegos: en el país de los ciegos, el tuerto es rey**: in the land of the blind, the one-eyed man is king.

**cielo: mover cielo y tierra**: to move heaven and earth

**circo: hacer circo**: to grandstand

**circo: ser un circo**: to be a zoo; to be a circus

**ciruja**: **1.** colector de artículos descartados: junk collector; trashman [ver: cachivachero] **2.** parásito: freeloader

**clara: tenerla clara**: to know the score

**claro como el agua (del Riachuelo)**: clear as mud; clear as a bell; crystal clear [var.: más claro, echale agua]

**clavado: dejar clavado**: to stiff

**clavarse**: to get stuck (with)

**clavo: dar en el clavo**: to hit the nail on the head; to be dead on

**clavo: sacarse un clavo de encima**: to clear out the dead wood; to get rid of

**clavo remachado**: lemon

**clavos: cortar clavos**: to shit razorblades▼

**cocodrilo que duerme es cartera**: slow on the uptake

**cocoliche**: **1.** jerga híbrida: Pidgin English **2.** estilo: loud

**cocorito**: uppity

**codearse**: to rub elbows; to rub shoulders

**cojones: tener cojones**: to have balls; to have cojones [ver: tener bolas; tener pelotas]

**cola: tener cola de paja**: to feel guilty*

**cola: traer cola**: to bring on; to come back and bite one

**colado**: **1.** persona no invitada: gate-crasher **2.** un extraño en un grupo preexistente: outsider [ver: paracaídas]

**colear**: to fishtail [var.: coletear]

**coletazo**: aftereffect

**colgado: dejar colgado**: to stand up [ver: dejar plantado]

**colgado: quedar colgado**: to be left holding the bag [ver: quedar pegado] [var.: quedar colgado de la palmera; quedar colgado del pincel]

**colgar (la galleta)**: to dump (someone)

**colgar los botines**: to hang up one's hat

**colmo: ¡es el colmo!**: that tops it off!

**colmo: para colmo de males**: to make things worse

**comehombres**: sexpot

**comer crudo (a alguien)**: to eat someone's sack lunch

**comérsela**: to swallow; to swallow hook, line and sinker

**como que...**: like...

**como: ¡y cómo!**: but good!; and how!

**compinche**: crony

**comprador**: charming; delightful; enchanting [ver: entrador]

**concha: andá(te) a la concha de la lora**: go fuck yourself [var.: andá(te) a la concha de tu abuela; andá(te) a la concha de tu hermana; andá(te) a la concha de tu madre]

**concha: ¡la concha de la lora!**: (oh) fuck!; fuck it all!

**consecuencias: atenerse a las consecuencias**: to face the music

**contado rabioso**: cash on the barrel head [ver: tacataca]

**contagioso**: catchy

**contento: más contento que un bebé con chiche nuevo**: happier than a kid with a new toy

**contrapelo: ir a contrapelo**: to go against the grain

**contrera**: nay–sayer

**conventillero**: rabble–rouser

**convidado de piedra**: uninvited guest*

**¡copado!**: cool!; neat! [var.: recopado]

**copar**: to blow away; to dig

**copete: bajar el copete**: to eat humble pie [ver: bajar los humos]

**corcho**: survivor* [var.:**corchito]**

**cornelio**: cuckold*

**coronita: tener coronita**: to be in someone's good graces

**corralito**: frozen funds*

**correcto: ser correcto**: to be aboveboard

**corriente**: **1.** ir con la corriente: to go with the flow **2.** ir contra la corriente: to go upstream; to swim upstream; to go against the current; to swim against the current; to go against the flow

**corriente: seguir la corriente (a alguien)**: to humor

**corta: a la corta**: in the short run

**corta: a la corta o a la larga**: at some point in time; sooner or later

**corta: hacerla corta**: to make a long story short

**¡cortala!**: cut it out!

**cortarse la comunicación**: **1.**

interrumpción telefónica: to be cut off; to get cut off **2.** distraerse en una comunicación: to tune out

**cortarse solo**: to not be a joiner; to go off by oneself; to do (something) alone [ver: hacer rancho aparte]

**cortina: bajar la cortina**: **1.** romper una relación: to break (it) off **2.** poner fin a una actividad comercial: to close down

**corto: quedarse corto**: to come up short

**cosa: no es gran cosa**: no big deal; no great shakes; nothing to write home about [ver: nada del otro mundo]

**cosa juzgada**: *fait accompli*

**cosecha: pararse para toda la cosecha**: to be set for life

**coso**: thing–a–ma–jig; what–cha–ma–call–it; tchotchke [ver: chirimbolo; cusifai]

**creer: no poder creer lo que uno ve**: to not believe one's eyes

**creer o reventar**: to take as gospel

**créersela**: to go to one's head

**créerselo**: to believe; to buy; to swallow; to take the bait [ver: tragárselo]

**creo: ¡ya lo creo!**: you bet!

**cresta: estar en la cresta de la ola**: to be riding on the crest of the wave

**criaste: a la que te criaste**: to do a sorry job (of) [ver: hacer (algo) a la bartola; a los ponchazos]

**croto**: **1.** el que no tiene ni hace nada: bum **2.** mal vestido: like a bum **3.** sin oficio ni domicilio fijo: floater

**cuadrado**: know-nothing

**¡cuál es!**: big deal!; so what! [var.: ¡cuál hay!] [ver: ¡y qué!]

**cualunque**: **1.** persona: nobody [ver: don Nadie] **2.** cosa: shoddy

**¿cuánto va?**: what's the score?

**cuarta al pértigo: vivir de la cuarta al pértigo**: to live from hand to mouth

**cuarto: pasar para el cuarto**: to sell down the river

**cuentagotas: a cuentagotas**: trickle

**cuentas: en resumidas cuentas**: the long and the short of it

**cuentas claras mantienen la amistad**: good fences make good neighbors; even reckoning makes long friends

**cuentas pendientes**: unsettled account; unfinished business

**cuerda: acabársele la cuerda**: to run out of rope

**cuerda: hacer algo bajo cuerda**: to not do something up front

**cuernear**: to cheat on; to run around on

**cuero: no darle el cuero**: **1.** tener

poco dinero: ver S.E 114 **2.** cobarde: gutless wonder **3.** inepto: to not be up to; to be short on... [acá va el sustantivo, p. ej.: brains]

**cuero: sacarle el cuero**: to pick someone apart; to pick someone to pieces [var.: cuerear]

**cuero: salvar el cuero**: to save the bacon [var.: salvar la ropa]

**cueros: estar en cueros**: to be buck naked; to be stark naked

**cuiqui**: scared to death

**culata: salir el tiro por la culata**: to backfire

**culebrón**: dirt; scuttlebutt; juicy morsel

**culo: de puro culo**: fucking lucky; fucking good luck

**culo: estar en el culo del mundo**: to be in the asshole of the world

**culo: fruncírsele el culo**: to get the shit; to get the hell scared out of one [var.: fruncírsele el upite; fruncírsele el tujes]

**culo: meter un palo en el culo**: to shaft

**culo: sentirse como el culo**: to feel like hell (warmed over); to feel like shit (warmed over) [var.: estar como el culo] [ver: sentirse para el carajo]

**culo fruncido**: tight ass

**culo inquieto**: hot to trot

**culo lindo**: sweet cakes; sweet cheeks

**culona**: big ass; fat ass

**cuña: tener cuña**: to have an in; to have influence; to have clout [ver: tener arrastre]

**curro**: **1.** algo muy ventajoso: racket; sweet deal [ver: tanga; tongo] **2.** negocio turbio: ver SE 133

**cursi**: corny

**curtir**: **1.** usar: to wear*▲ **2.** tener una afición: to be crazy about; to be a freak for **3.** mantener relaciones sexuales: ver SE 124

**cusifai**: thing–a–ma–jig; what–cha–ma–call–it; tchotchke [ver: chirimbolo; coso]

**cuzco**: Heinz 57 variety [var.: cuzquito] [ver: puro perro]

# DESCOSTILLARSE DE RISA

**danza: tener demasiadas cosas en danza:** to have too many irons in the fire

**dar para todo:** anything goes

**dardo: mandar un dardo:** to make a stinging remark; to make a biting remark

**darse: no darse con**: to have no truck with

**decibeles: bajar los decibeles**: to tone it down

**decidirse de una buena vez:** to fish or cut bait

**decidirse de una puta vez:** to shit or get off the pot

**dedo: bajarle el dedo**: to crack the whip [ver: mandonear; tenera saltando de un huevo a otro]

**dedo: poner el dedo en la llaga**: to strike a raw nerve; to rub salt in an open wound

**dejarse estar:** to let oneself go

**delantera: estar en la delantera**: to be on the cutting edge

**depto**: digs; pad; place [ver: bulín]

**derecha: por derecha o por izquierda**: over the counter or under the counter

**derecho de piso**: beginner's

dues

**derecho viejo**: pretty damn quick; P.D.Q.; right away [ver: al toque]

**desarmar:** to knock the legs out from under; to pull the rug out from under; to knock the props out from under [ver: mover las estanterías; romper los esquemas]

**desayunarse**: to dawn on one

**desbole**: helluva mess [ver: despelote]

**descostillarse de risa**: to split one's sides laughing; to split one's seams laughing

**descangayado: estar descangayado:** to go to pot

**deschavarse**: to give oneself away

**desconche**: a fucked up mess

**descular**: to figure out▲

**desensillar**: to unload; to get out of uniform

**desgastar**: to wear down

**despachar rápido**: to get rid of fast

**despacharse**: to let it all hang out [var.: despacharse a gusto]

**despelotar**: to make a helluva mess

**despelote**: helluva mess [var.: despiole] [ver: desbole]

**despiole: armar un despiole**: to raise a stink

**despistado**: flake; astronaut; space cadet [ver: volado]

**desprevenido: agarrar desprevenido**: to catch cold; to catch flat–footed; to catch off guard; to catch napping

**detrás: hacer (algo) por detrás**: to do (something) on the sly [ver: hacer algo a escondidas]

**desubicado**: out–of–line; out–of–place

**diablo: donde el diablo perdió el poncho**: in the middle of nowhere [ver: en la loma del peludo]

**diez: estar en las diez de última**: to be on one's last legs

**Dios: con Dios y María Santísima**: with God and the Holy Trinity; with everybody and his dog; with everyone he could dig up

**Dios: hacer las cosas como Dios manda**: to get one's act together

**Dios los cría y ellos se juntan**: birds of a feather flock together

**dique: darse dique**: to put on airs

**disco: sonar como un disco rayado**: to sound like a broken record

**discordia: motivo de discordia**: bone of contention [var.: manzana de la discordia] [ver: piedra del escándalo]

**disparar: no saber para qué lado disparar**: to not know which way to jump; to not know which end is up

**doblada: comérsela doblada**: to have to eat shit [var.: tragársela doblada]
**dolorosa**: bad news
**dorar la píldora**: to sugarcoat the pill; to butter up
**dos: cada dos por tres**: more times than not; more often than not
**drama: no hay drama**: no problem; no sweat
**ducho**: ace; whiz
**dudas: tener sus dudas**: to have one's doubts [ver: tener sus reservas]

PEGAR EL ESTIRÓN

**echar tierra**: to sling dirt; to sling mud
**elefante blanco**: white elephant
**elucubrar**: to cook up [ver: tramar]
**embalar**: to get (all) worked up about; to get all worked up over
**emberretinar**: **1.** encapricharse: to have a fit **2.** enojarse: ver SE 120
**embolar**: **1.** aburrir: to put to sleep; to make (someone) yawn **2.** enojar: ver SE 119
**embolsar guita**: to make megabucks; to make big bucks
**embotado**: stuffed up
**embretado**: in a fix; in a tight spot
**empilchar**: to put on one's fancy duds; to put on one's fancy rags
**empujalápices**: paper–pusher; pencil–pusher [ver: chupatintas]
**encanar**: to bust; to book
**encanutar**: **1.** guardar: to stash away **2.** encarcelar: to throw in the clink
**encarajinar**: to screw things up;

to muck up

**enchastrar**: to bad mouth; to knock

**enchastrarse**: **1.** ensuciarse: to get dirty* **2.** comprometer la moral: to blacken; to taint

**enchufado**: wrapped up

**encima: estar haciéndose encima**: one's back teeth are floating; one's eye teeth are floating

**encima: irse encima a alguien**: to fly at someone's throat

**enclenque**: wobbly

**enésima: hasta la enésima (potencia)**: to the $n^{th}$ degree

**enfermo: dar parte de enfermo**: to call in sick

**enganchar**: **1.** interesar: to hook (someone) on **2.** engañar: ver SE 118

**engañapichanga**: band aid; sugar pill

**engañar (a alguien) como a la correntina recién llegada**: to treat (someone) as if they were fresh off the farm

**engranaje: poner el engranaje en movimiento**: to get the ball rolling

**engrupido**: snotty

**engrupir**: to sucker (someone in)

**enquilombar**: to make a helluva a mess out of

**ensartarse**: to botch; to slip up; to mess up [ver: chasquearse]

**entrador**: charming; delightful; enchanting [ver: comprador]

**entre: hacer el entre**: to soften up

**¡epa!**: hey! [positivo o negativo] **1.** sorpresa desagradable: oops! **2.** sorpresa agradable: wow!

**escaseli**: short of; short on [var.: escasani]

**escashato**: gone to pot; gone to the dogs [var.: escoñado]

**escoba nueva barre bien:** a new broom sweeps clean

**escolasear**: to gamble* [var.: escolazear]

**escombro: hacer escombro**: to blow up (way out of proportion) [ver: hacer espamento]

**escondidas: hacer (algo) a escondidas**: to do (something) on the sly [ver: hacer algo por detrás]

**escorchar**: to hassle; to bug [ver: hinchar]

**escrachar**: to make [someone else] take the heat; to pass the buck; to leave [someone else] holding the bag; to finger [ver: mandar al frente]

**escrache**: public repudiation*

**escrito: estar escrito**: to be in the cards [ver: estar cantado]

**escupida de músico**: in a flash; in nothing flat

**escupir: no escupir para arriba**: to not spit in the wind [var.: no escupir al cielo]

**escupir el asado**: to shoot down (in flames)

**espaldarazo: dar un espaldarazo**: to really go to bat for

**espamento: hacer espamento**: to blow up [ver: hacer escombro]

**espanto: curado de espanto**: it doesn't faze (someone); to have seen it all before; to have heard it all before

**espejos: no pellizcar espejos**: to be nobody's fool; to not be born yesterday [ver: no chuparse el dedo; no comer vidrio]

**espera: en la dulce espera**: expecting

**esperar sentado**: to not hold one's breath

**espiantar**: to take a powder; to split [var.: piantar] [ver: rajarse]

**espina: darle mala espina**: to have a bad feeling about

**espina: me quedé con la espina**: something's still bugging me

**espuma: pura espuma**: all bark and no bite

**esquemas: romper los esquemas**: to pull the rug out from under; to knock the legs out from under [ver: desarmar; mover las estanterías]

**esquifuso**: to stink to high heaven*

**esquina: tener esquina**: to be street smart; to have street smarts; to know one's way around [ver: tener calle; tener estaño]

**estanterías: mover las estanterías**: to knock the legs out from under; to pull the rug out from under [ver: desarmar; romper los esquemas]

**estaño: tener estaño**: to be street smart; to have street smarts; to know one's way around [ver: tener calle; tener esquina]

**estirón: pegar el estirón**: to shoot up

**estofado: arruinar el estofado**: to blow (out of the sky)

**estofado**: the whole enchilada; the whole shebang; the whole megillah; the whole kit and caboodle

**estofado: cagar el estofado**: to play hell with

**estómago resfriado**: diarrhea of the mouth

**estufado**: **1.** aburrido: bored stiff **2.** enojado: ver SE 119

**existe: no existe**: house of mirrors

**exitazo**: howling success

# FIACA

**facha: hacer facha**: to flaunt (it) [ver: hacer pinta; hacer rostro]

**factura: pasar la factura**: payback time

**fajar**: **1**. cobrar de más: to clobber **2.** pegar: ver SE 135

**fallutear**: to doublecross

**falluto**: **1.** falso: phoney **2.** traidor: doublecrosser [var.: falluteli]

**falseado**: out of whack

**faltaba más:** that's the least I can do

**faltazo: pegar el faltazo**: to take a mental health day

**fana**: bug; buff; freak; nut

**fané**: done for

**fanfa**: showboat; show off [ver: farolero]

**fangulo: ¡ma fangulo!**: up yours!

**farabute**: good–for–nothing

**fardo: cargarle el fardo**: to put the onus on someone else; to put the monkey on someone else's back; to saddle someone [var.: echarle el fardo]

**farmacia: la farmacia está abierta**: the barn door's open [var.: la farmacia está de turno]

**farolero**: showboat; showboater; show off [ver: fanfa]

**farra**: fun; good time; partying [ver: garufa]

**farra: tomar para la farra**: to razz [ver: tomar para el churrete; tomar para la joda]

**faso**: cancer stick; coffin nail; smoke [ver: pucho]

**fastidiado**: in a snit

**fato**: **1.** negocio turbio: fishy business; monkey business **2.** romance: affair [ver: historia]

**fe: de buena fe**: with good intentions; in good faith

**fe: de mala fe**: with ill intent; with dishonest intentions; in bad faith

**feca**: **1.** bebida: java **2.** lugar: coffee house*; coffee shop*

**feeling: tener menos feeling que un palmito**: thic-skinned

**felpudo: tratar como un felpudo**: to treat like a doormat

**fiaca**: lazy bones; lazy bum [ver: vagoneta]

**fiaca: tener fiaca**: to have (a case of) the lazies

**fichado: tener (a alguien) fichado**: to have someone's number [ver: tener (a alguien) calado; tener (a alguien) junado]

**fichar**: to have one's eye on someone [ver: calar, junar]

**fierro: meter fierro**: to burn up the road; to step on it [ver: meter pata]

**fierro: ser de fierro**: to be (as) solid as a rock

**fiestero**: **1.** bisexual: ambidexterous; bi **2.** afecto a las fiestas: party–goer

**figureti**: publicity hound; camera hog

**figurillas: vérselas en figurillas**: to be in hot water

**figurita repetida**: same song, second verse

**figurón**: just a name

**fija**: sure bet

**fin de mes: llegar a fin de mes**: to make ends meet

**finiquitado**: done deal

**¡finíshela!**: knock it off!

**firma: poner la firma**: (as) sure as God made little green apples

**firme: ponerse firme**: to stand firm; to stick to one's guns [var.: mantenerse firme]

**firulete**: curlicue

**flashear**: to wow

**fletar**: **1.** romper con la pareja: to dump [ver: patear] **2.** echar a alguien: to kick out

**flojo como pedo de batata**: lily-livered

**flor de...**: one heck of a...

**flor de un día**: flash in the pan

**flote: mantenerse a flote**: to keep one's head above water

**flote: salir a flote**: to bring off; to pull off

**foja cero: estar en foja cero**: to

be back on square one

**fonda**: greasy spoon [ver: bodegón]

**fondo: ¡hagamos fondo blanco!**: bottoms up!

**forrear**: to finesse▲

**forro**: **1.** persona despreciable fucker [var.: forrazo; forro pinchado] **2.** manera de dirigirse a personas: ver SE 114

**forro de mierda**: mother–fucker [var.: forrazo de mierda]

**fraganti: in fraganti**: *in flagrante delicto*

**franchute**: Frog

**franela**: **1.** mimos: coddle; stroking **2.** demorar: to tap dance **3.** excesivo cuidado: fussy

**franelear**: **1.** sexual: to fondle; to make out; to neck **2.** no cumplir: to give the runaround

**franelero**: sweet talker; smooth talker; soft soaper

**fregado**: screwed

**fregar**: to cop a feel

**frenos: clavar los frenos**: to slam on the brakes

**frente: ir al frente**: gutsy*

**frente: chocar de frente**: to hit head–on

**frente: ir de frente**: to be straightforward*

**frente: mandar al frente**: to make [someone else] take the heat; to pass the buck; to leave [someone else] holding the bag; to finger [ver: escrachar]

**frente: pasar al frente**: to make the grade; to do all right by oneself

**fresco como una lechuga**: rested and relaxed; unlaxed [var.: fresco como una viruta]

**fresco: ser un fresco**: to have some nerve

**friolera**: bundle

**frito: estar frito**: to be up a creek (without a paddle)

**frito: quedarse frito**: to fall dead asleep

**fruncirse**: **1.** acobardarse: to turn yellow **2.** asustarse: to freeze up

**fruncírsele el culo**: (someone's) ass puckers up

**fu ni fa: ni fu ni fa**: neither fish nor fowl [ver: ni chicha ni limonada; ni una ni otra]

**fue: (ya) fue**: it's history

**fuente: saber de buena fuente**: straight from the horse's mouth

**¡fuerza, canejo!**: bite the bullet!

**fui: me fui**: I'm gone; I´m out of here

**fulano, mengano y zutano**: Tom, Dick, and Harry

**fulero**: **1.** feo: ver SE 136 **2.** falso: fake **3.** malo: real bad [var.: fule]

**fulbito para la tribuna**: bunk; crock; garbage; malarkey [var.: fulbito para la gilada]

**full: a full**: at full tilt
**funcar: no funca**: it don't work
**fundamento: no tener fundamento**: to not have a leg to stand on
**furia: con toda la furia**: tops; max
**furcio**: slip of the tongue; slip of the lip

# LA LEY DEL GALLINERO

**galera: sacar de la galera**: to pull out of one's hat [ver: sacar de la manga]

**galgos: echar los galgos**: **1.** perseguir: to set the hounds on **2.** coquetear: ver SE 108

**galguear**: to go without; to do without

**gallinero: la ley del gallinero**: pecking order

**gambas: abrirse de gambas**: to sidestep▲

**gambetear**: to perform a crossing pattern

**ganador: salir ganador**: to come out on top [ver: salir airoso]

**ganancia: no verle la ganancia**: to not see any pay–off in...

**ganando: salir ganando**: to wind up (being) better off

**ganar (a alguien) de mano**: to get the jump on someone; to beat someone to the punch

**ganar por afano**: to win by a landslide; to win by a country mile

**gancho: hacer gancho**: to help out

**gancho: poner el gancho**: to put one's John Hancock

**gancho: tener gancho**: to have an in (with)

**ganga**: good buy* [ver: yeite]

**ganso: hablar por boca de ganso**: to talk through one's hat; to parrot

**Gardel: ¡cantale a Gardel!**: go fly a kite [var.: andá a cantarle a Gardel]

**Gardel: ser Gardel**: to think one is something else; to think one is God's gift to humankind

**garpar**: to fork over; to fork out; to ante up; to plunk down

**garra**: drive

**garrón: comerse un garrón**: to get screwed▼

**garrón: de garrón**: on the cuff

**garrón: ¡Qué garrón!**: What a bummer! [ver: ¡qué palo!]

**garronear**: to bum off someone

**garúe: que te garúe finito**: may all your problems be little ones

**garufa**: fun; good time; partying [ver: farra]

**gasolero**: nickle–nurser

**gata Flora**: fuss–budget

**gatas: a gatas**: barely*; hardly*

**gatos: una bolsa de gatos**: a can of worms

**gatopardismo**: same dog with different fleas

**gauchada**: favor*

**gaucho: hay cada gaucho en la pampa**: there's all kinds of monkeys in the trees; there's all kinds of bears in the woods

**genio: no poder con su genio**: to not be able to help oneself*

**gilada**: **1.** amigos: the guys; the gang **2.** gente poco inteligente: the dimwits; the dumb-dumbs; the jerks

**giles: avivar giles**: to wise up jerks

**globo: pincharle el globo**: to burst one's bubble

**gol de media cancha**: home run; touchdown [ver: batacazo; golazo]

**golazo**: home run; to be a touchdown [ver: gol de media cancha; batacazo]

**golazo: hacer un golazo**: to hit a home run; to score a touchdown

**goleada: ganar por goleada**: to win by a home run; to win by a touchdown

**gollete: no tiene gollete**: without rhyme or reason

**golpe bajo**: low blow

**golpe de suerte**: stroke of (good) luck [ver: pegada]

**gong: salvarse por el gong**: to be saved by the bell

**gota: la gota que rebalsó el vaso**: the last straw; the straw that broke the camel's back

**gotas: ser como dos gotas de agua**: to be like two peas in a pod

**gozar**: to poke fun (at)

**grado: de buen grado**: with good grace

**grande: ...en grande**: ...big time

**gratarola**: freebie; free gratis [ver:

de arriba]

**grela**: scrunge

**gremu**: scuzz

**grito: a grito pelado**: at the top of one's lungs

**grito: poner el grito en el cielo**: to raise the roof; to go through the roof

**groso**: biggie

**guachada**: badass; bush–league; cheap; crappy; cruddy; dipshit; godawful; low–down; low–rent

**guacho**: **1.** ilegítimo: mongrel; bastard **2.** maldito: bastard; bitch; badass

**gualicho**: hex

**guarango**: gross [ver: guaso]

**guasca**: **1.** semen: cum; wad **2.** pene: ver SE 110

**guaso**: gross [ver: guarango]

**guille**: a way out; a way to make ends meet* [ver: rebusque]

**guita: forrarse de guita**: to feather one's nest; to line one's pockets

**guitarrero**: four–flusher

**guitarrero: no tener uñas de guitarrero**: to be out of one's element; to be a fish out of water

**gustos: sobre gustos no hay nada escrito**: different strokes for different folks; there's no accounting for taste

# EL HORNO NO ESTÁ PARA BOLLOS

**habas: en todas partes se cuecen habas**: it's the same the world over

**harina: ser harina de otro costal**: to be a horse of a different color; to be another cup of tea [ver: ser otro cantar]

**hasta aquí, todo bien**: so far, so good

**hecha: ser una persona hecha y derecha**: to be on the up and up; to be a straight arrow

**hecho: salir hecho**: to come out even; to break even

**helado: dejar helado [a alguien]**: to flabbergast; to dumbfound [ver: dejar de una pieza]

**herrero: en casa de herrero cuchillo de palo**: the cobbler's kids are always shoeless

**hierba mala nunca muere**: old habits die hard [var.: yerba mala nunca muere]

**hierbas: y demás hierbas**: and the like; and so on and so forth [var.: y demás yerbas]

**hígado: andar mal del hígado**: to feel green around the gills

**hija de puta**: bitch

**hijo de puta**: son of a bitch

**hijo: tener a alguien de hijo**: to

have someone stepping and fetching

**hilacha: mostrar la hilacha**: to show one's true colors

**hilo: al hilo**: in a row

**hincha**: buff; freak

**hinchar**: to bug; to hassle [ver: escorchar]

**hinchar: no hinchar**: to get off (someone's) back; to not bug

**historia**: affair [ver: fato]

**historia: esta historia ya la viví**: been there, done that

**historia: hacer(se) historia**: to have on the brain; to have a thing

**hola**: come back

**hombre de paja**: stooge; front [ver: cabeza de turco]

**hombre prevenido vale por dos**: forewarned is forearmed

**hora: no darle ni la hora**: to not (even) give someone the time of day

**horizontal: en el horizontal riguroso**: treading water

**horma: encontrarse con la horma de su zapato**: to meet one's match

**hormigas: tener hormigas**: to be antsy

**hormigas: tener hormigas en la cola**: to have ants in one's pants

**hormigas: tener hormigas en el culo**: to have a feather up one's ass

**horno: el horno no está para bollos**: bad timing

**hoy por vos, mañana por mí**: you scratch my back, I'll scratch yours

**hueco: hacer un hueco en la agenda**: to squeeze in [ver: hacer un lugar(cito) en la agenda]

**hueso duro de roer**: hard nut to crack

**huevo: tener saltando de un huevo a otro**: to crack the whip [ver: bajar el dedo; mandonear]

**huevos: no tener huevos**: to not have (any) balls; to not have (any) cojones

**huevos: poner huevos**: to show some balls; to show some cojones [ver: poner bolas]

**humo: hacerse humo**: to vanish into thin air

**humo: ir al humo**: to light into; to sail into [var.: venir al humo]

**humos: bajar los humos**: to eat humble pie [ver: bajar el copete]

**humos: bajar los humos a alguien**: to knock someone down a peg or two; to take someone down a peg or two

**humor: tener un humor de perro**: to be in a rotten mood

**humor: tener un humor de mierda**: to be in a shitty mood; to be in a piss–poor mood

# TENER UNA IDEA FIJA

**idea: no tener la más pálida idea**: to not have the faintest idea; to not have the foggiest idea

**idea: no tener la más puta idea**: beats the shit out of me

**idea: tenerle idea**: to have something against

**idea: tener una idea fija**: to have a one–track mind; to have a fixed idea; to have a set idea

**ido: estar ido**: to be spaced out; to be out of it

**ilusiones: no hacerse ilusiones**: to not get one's hopes up

**imbancable**: nudnik; schlepper

**importarle un bledo**: to not care less; to not give a flip; to not give a rip [var.: no importarle un corno; no importarle un pepino]

**incendiarse**: **1.** avergonzarse: to lose face [ver: quemarse] **2.** decir o hacer algo inapropiado: to get burned [ver: quemarse]

**indeciso:** wishy–washy

**indirecta: tirar una indirecta**: to drop a hint [var.: mandar una indirecta]

**interesante: hacerse el intere-**

**sante**: to act as if one is not interested

**internar**: to bore to tears

**internas: las internas**: office politics

**invicto: perder el invicto**: to lose one's cherry

**irigoyen**: solo; unattached; footloose and fancy free [ver: solari]

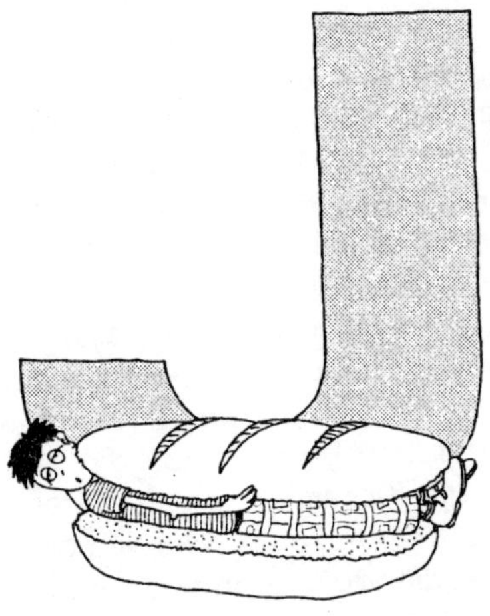

# JAMÓN DEL SANDWICH

**jabón: pegarse un jabón**: to get one's wits scared out of one; to get the daylights scared out of one; to get one's pants scared off one [var.: agarrarse un jabón; jabonearse] [ver: pegarse un julepe]

**jamón del sandwich**: caught in the middle; caught in the crossfire

**jarro: a boca de jarro**: off the top of one's head; to say something point blank; to come straight out with it

**jauja**: shuck and jive

**jeringuear**: to bust balls

**jetonear**: to showboat

**jinetas: hacer valer las jinetas**: to pull rank (on)

**joda**: **1.** inconveniente: pisser; crock of shit **2.** diversión: helluva good time **3.** circo: fucking zoo

**joda: anda en la joda**: to be a lowlife; to be up to no good [var.: estar en la joda]

**joda: tomar en joda**: to take as a goddamn joke

**joda: tomar para la joda**: to razz▲ [ver: tomar para el

churrete; tomar para la farra]
**joder: no joder**: fuck that noise
**joder: ¡no jodas! 1.** una orden: don't fuck around!; give (me) a fucking break!; don't hand me that shit!; fuck that noise! **2.** una exclamación: no shit!
**joder**: **1.** perjudicar: to fuck; to give someone the shaft; to screw **2.** molestar: ver SE 131
**jodido**: shitass
**jodido**: **1.** estar jodido: to be fucked **2.** ser jodido: fucker; bastard
**jodiendo: ¿me estás jodiendo?**: are you shitting me?; are you dicking me around?
**jodón**: fucking practical joker; goddamn practical joker
**jonca**: pine box
**joraca: hacer (algo) como el joraca**: to do (something) bassackward(s)
**jorobar: ¡no jorobes!**: to give (someone) a break
**jovato**: old toot
**juego sucio**: dirty pool; foul play
**jugado**: **1.** andar jugado: to be down and out [var.: andar regalado] **2.** estar jugado: to have everything riding on
**jugar a dos puntas**: to play the ends against the middle
**jugarse**: to go out on a limb; to stick one's neck out
**jugarse un partido a la perdida**: to fight a losing battle
**jugo: sacarle el jugo**: to get all one can (from); to squeeze all the juice one can (out of)
**julepe: pegarse un julepe**: to get one's wits scared out of one; to get the daylights scared out of one; to get one's pants scared off one [var.: agarrarse un jabón; jabonearse] [ver: pegarse un jabón]
**junado: tener a alguien junado**: to have someone's number [ver: tener a alguien calado; tener a alguien fichado]
**junar**: to have one's eye on [ver: calar; fichar]

# LLORAR LA CARTA

**labia: tener labia**: to be silver–tongued
**laburador**: hard working*
**laburante**: working stiff
**laburar**: to work*▲
**ladilla**: pest*▲
**lágrima**: sad-sack; tear jerker
**laguna: tener una laguna**: to go blank [ver: tener la mente en blanco; tener un lapsus]
**lamparita: prendérsele la lamparita**: the light went on
**lance: tirar el lance**: **1.** arriesgarse: to take a shot (at) **2.** intentar una conquista amorosa: to make a pass (at) [var.: tirarse un lance]
**lancero**: wolf; Casanova
**lanzado**: **1.** [personas] ballsy; gutsy; nervy [ver: mandado] **2.** [cosas] on the edge
**lapsus: tener un lapsus**: to go blank [ver: tener la mente en blanco; tener una laguna]
**larga: a la larga**: in the long run
**largar (a alguien)**: to dump (someone)
**largar duro**: to leave high and dry [var.: largar parado] [ver: dejar en banda]

**larguirucho**: a long drink of water; beanpole
**lastrar**: to down
**lata: dar lata**: to bend someone's ear
**laureles: dormirse en los laureles**: to rest on one's laurels
**leche**: [semen] cream
**leche: ser mala leche**: wicked
**leche: saltar como leche hervida**: to fly off the handle at the drop of a hat
**leche: tener mala leche**: to be down on one's luck; to be out of luck; to have tough luck [ver: mala pata]
**leche hervida**: hothead
**lechucear**: **1.** pronosticar mala suerte: to predict gloom and doom **2.** provocar mala suerte: to put the evil eye (on) [ver: ojear]
**lenteja**: **1.** lento: slow poke **2.** tonto: ver SE 142
**leña: hacer leña del árbol caído**: to kick a horse while it's down
**letras: con todas las letras**: full-fledged
**letra: dar letra**: to give ammunition [to someone] [ver: dar cassette; dar pie]
**letra: hacer buena letra**: to be on one's best behavior; to clean up one's act; to put one's best foot forward
**letrina en la boca**: foulmouthed
**levantarse a alguien**: to pick someone up
**levantarse con el pie izquierdo**: to get up on the wrong side of the bed
**levante**: **1.** conquista sexual: pick–up **2.** crítica: telling off **3.** ser popular: to be popular*; to be well-liked* [ver: arrastre]
**levante: andar de levante**: to cruise; to go cruising [var.: ir de levante]
**libro abierto**: a walking, talking dictionary; a walking, talking enciclopedia
**lienzos: bajarse los lienzos**: to drop one's drawers
**ligar**: **1.** obtener: to come by; to bag; to net **2.** ser objeto de algo indeseado: to get stuck (with) **3.** pegar: ver SE 135
**limón**: crab
**línea: bajar línea**: to give instructions*
**linyera**: drifter
**lío: no querer líos**: to not want any hassle
**liquidado**: wiped out; worn out
**llegar a fin de mes**: to make ends meet
**llegarle:** to faze someone
**llevarse bien con Dios y con el diablo**: to talk out of both sides of one's mouth; to sit on the fence; to be a fence sitter
**llevar las de ganar**: to have the odds on one's side; to have all

the odds in one's favor
**llora: el que no llora no mama**: the squeaky wheel gets the grease
**llorar guita**: to poor mouth [var.: llorar miseria]
**llorar la carta**: to hand someone a sob story; to tell someone a sob story
**llover**: to be like water off a duck's back [ver: resbalar]
**llover: ¡va a llover!**: knock me over with a feather!
**llovido: sobre llovido, mojado**: it never rains but it pours
**llovió: siempre que llovió, paró**: all things come to an end
**loca: darle la loca**: to have this crazy idea; to get this crazy idea [var.: entrarle la loca]
**loco lindo**: happy–go–lucky
**loco: volver loco**: to drive bananas; to drive nuts; to drive up the wall
**loco: a lo loco**: any which way [ver: a lo bestia]
**Lola: andá que te cure Lola**: (go) take a hike
**lola: no querer lola**: to not want to have anything to do with*
**lolas: las cachas y las lolas**: tits and ass
**loma: en la loma del culo**: in the middle of fucking nowhere [var.: en la loma de la mierda]
**loma: en la loma del peludo**: in the middle of nowhere [var.: en la loma del pelado; en la loma de los quinotos; en la loma del quirquincho] [ver: donde el diablo perdió el poncho]
**lomo de burro**: speed bump
**lomo: romperse el lomo por alguien**: to bend over backwards for someone
**lomo: tener lomo**: to have a great bod(y)
**lona: mandar a la lona**: to grind into dust
**lontananza**: way faraway [var.: lontanáncica]
**loro: ni el loro**: not a living soul [ver: ni un alma]
**loro: no lo conoce ni el loro**: no one knows him from Adam's off ox
**loro: papita pa'l loro**: piece of cake; snap; cinch [ver: paponia]
**lubricado**: love juice
**lugar: no tener un puto lugar donde caerse muerto**: to not (even) have a pot to piss in
**lugar(cito): hacer un lugar(cito) en la agenda**: to squeeze in [ver: hacer un hueco en la agenda]
**lujo: darse el lujo de...**: **1.** gratificarse: to treat oneself to; to binge **2.** aun: even*
**lumpen**: lumpen
**luna: vivir en la luna**: to have one's head in the clouds [ver: vivir en las nubes]

**lunga: hacerla lunga**: to draw out; to give (someone) the whole nine yards

**lustre: dar lustre**: to put another feather in one's bonnet [ver: dar chapa]

**luz verde: tener luz verde**: to have a green light; to have the go–ahead

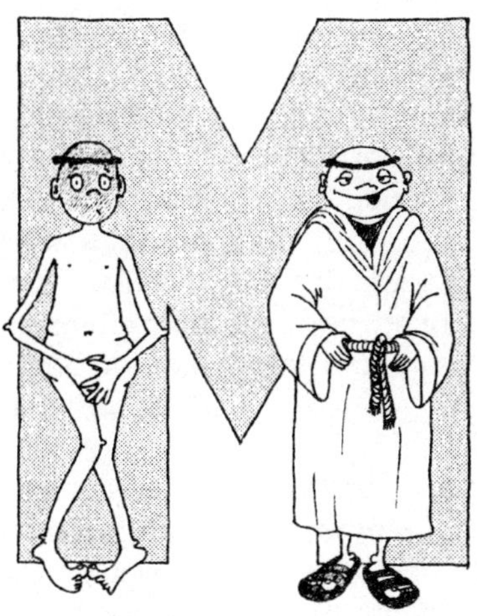

# DESVESTIR UN MONJE PARA VESTIR OTRO

**machazo**: (para enfatizar) heck of a [ver: de aquellos; padre]

**machete**: **1.** apunte oculto: cheat sheet **2.** pene: ver SE 110

**machona**: tomboy

**madona: ¡a la madona!**: good Lord!; sweet Jesus!

**madruga: al que madruga, Dios lo ayuda**: the early bird catches the worm

**madrugar (a alguien)**: to get the jump on (someone)

**madrugar: no por mucho madrugar amanece más temprano**: the early bird doesn't always catch the worm

**maestrito: cada maestrito con su librito**: to each his own; everyone's got their own way of doing things*

**Magoya: andá a contárselo a Magoya**: don't hand me that line

**mal: estar mal con todo**: to be at odds with everything; to be at odds with the whole world

**mal de muchos, consuelo de tontos**: misery loves company

**mal de ojo**: evil eye

**mal de ojo: hacerle mal de ojo**: to put the evil eye on someone

**mal que le pese...**: as much as one dislikes...; whether one likes it or not

**mal: no hay mal que por bien no venga**: every cloud has a silver lining

**malandra**: bam–boozler; flim–flammer; hoodwinker; horn–swoggler [var.: malandrín] [ver: matufia]

**malaria**: tough times

**malco**: not getting any good sex*

**mambo: pasarse de mambo**: to go too far; to step out of line [var.: irse de mambo]

**mandado**: **1.** personas: ballsy; gutsy; nervy [ver: lanzado] **2.** cosas: on the edge

**mandársela a guardar**: to shut someone up

**mandonear**: to crack the whip [ver: bajarle el dedo; tener saltando de un huevo a otro]]

**manejar a alguien**: to pull someone's strings

**manga**: bunch; clump

**manga: sacar de la manga**: to pull out of one's hat [ver: sacar de la galera]

**manga: tener en la manga**: to have up one's sleeve [var.: tener un as en la manga]

**manga: tirar de la manga**: to hit up; to mooch; to put the bite on; to sponge [ver: mangar]

**manganeta**: leg-pull; number; put–on

**mangar**: to hit someone up; to mooch; to sponge; to put the bite on [var.: manguear] [ver: tirar de la manga]

**mangazo**: bite

**mangos: ir a los mangos**: to talk bucks; to talk money

**manguero**: moocher; sponger

**manija: dar manija**: **1.** estimular: to give a shot in the arm; to egg on **2.** influenciar: to fill one's head [ver: llenar la cabeza]

**manija: darse manija**: to get worked up

**manija: hasta la manija**: **1.** lleno: stuffed; full [ver: de bote a bote] **2.** harto: up to here

**manija: no darse manija**: to quit beating a dead horse

**mano: cómo viene la mano**: how the cow ate the cabbage

**mano: estar a mano**: to be even–Steven; to call it even

**mano: le das la mano y se toma el codo**: give someone an inch and they take a mile

**mano: meter la mano en la lata**: to have one's hand in the till

**mano: ¡pará la mano!**: cool it!

**mano: ser la mano derecha de alguien**: to be someone's right–hand man

**mano: tener mano verde**: to have a green thumb

**mano: tomar la mano**: to get the hang of; to get the knack of [ver: pescar la vuelta]

**mano: veamos cómo viene la mano**: let's see how things are going

**mano: viene pesada la mano**: things are going to get hairy

**manolarga**: **1.** pegarse entre niños: scrapper **2.** manosear: to have wandering hands*

**manos: andar a cuatro manos**: to have one's hands more than full [var.: estar a cuatro manos]

**manos: írsele de las manos**: to lose control; to get out of hand

**manos: metido hasta las manos**: to be knee–deep; to be up to here; to be up to one's neck

**manos: muchas manos en un plato hacen mucho garabato**: too many cooks spoil the pie

**manosanta**: healer

**manteca: tirar manteca al techo**: to spend money left and right

**manto: poner un manto de piedad**: to paper over the cracks

**manyar**: **1.** comer: to get some chow **2.** entender: to get (someone's) drift

**mar de fondo**: troubled waters; ill–feeling*; unrest*

**maravillas: hacer maravillas**: to work wonders [ver: soplar y hacer botellas]

**marcar tarjeta**: **1.** lograr algo por poco: to scrape by; to squeak by [ver: zafar: **1.**]

**marchanta: a la marchanta**: hit–or–miss

**marchanta: tirarse a la marchanta**: to let oneself go (to pot)

**margaritas: tirar margaritas a los chanchos**: to cast pearls before swine

**mariposa: a otra cosa, mariposa**: and that's it; and that's all there is to it [ver: listo el pollo; chau pinela]

**mariposa: morir como una mariposa**: to get squashed like a bug

**maroma**: **1.** discusión: hassle **2.** desorden: mess

**maroma: se viene la maroma**: it's not going to be any picnic

**más: no es más [adjetivo] porque el día tiene sólo 24 horas**: he can't be any [adjective + "-er"] because there's only 24 hours in a day

**maso**: so-so

**matasanos**: butcher; croaker; quack

**mataste: me mataste**: (you) got me (there); you did me in

**matate**: go butt a stump

**mate: romperse el mate**: to wrack one's brain [ver: exprimirse el seso]

**matete (bárbaro)**: (heck-of-a) mess [ver: merengue]

**matufia**: **1.** negocio tramposo: monkey business **2.** persona tramposa: bamboozler; flim-flammer; hoodwinker; horn-swoggler [var.: matufiador] [ver: malandra]

**matufiar**: to bamboozle; to flim-flam; to hoodwink; to horn-swoggle

**mazo: irse al mazo**: **1.** eludir: to back out on; to cop out on [ver: borrarse] **2.** acobardarse: ver SE 103

**meado por los perros**: to be shit up a creek; to be up shit creek

**mear fuera del tarro**: to piss in the wrong pot

**medio: partir por el medio**: to put in a bind; to put in a pickle

**médula: doler hasta la médula**: **1.** herir los sentimientos: to cut to the quick **2.** doler el cuerpo: to hurt all over

**médula: mojarse hasta la médula**: to get soaked to the bone

**mejicanear**: to double cross*; to double deal; to double shuffle, to fast shuffle; to sell–out

**menjunje**: concoction*

**mente: tener la mente en blanco**: one's mind goes blank [ver: tener una laguna; tener un lapsus]

**merca: mostrar la merca**: to strut one's stuff [var.: pasear la merca]

**mercachifle**: arab; hawker; huckster

**merece: se lo merece**: to have it coming to [one]

**merengue (bárbaro)**: a (heck-of-a) mess [ver: matete]

**meter: no se metan con nosotros**: don't mess with us

**meterete**: buttinsky; kibitzer

**mierda: (ser una mierda)**: **1.** para personas: ver SE 129 **2.** para personas y cosas: piece of shit

**mierda: cuando la mierda llegue al río**: when the shit hits the fan

**mierda: echar mierda**: to sling shit

**mierda: estar para la mierda**: to feel like shit; to feel shitty [var.: sentirse como la mierda]

**mierda: hacer como la mierda**: to do the shittiest job of [ver: hacer algo como el carajo]

**mierda: hacer mierda [a alguien]**: to beat the shit out of [someone] [literal y figurativamente)

**mierda: irse a la mierda**: to go to shit; to go to hell

**mierda: irse a la mierda en bote**: to go to hell in a handbasket

**mierda: tener mierda en la cabeza**: to have shit for brains

**migas: hacer buenas migas**: to hit it off

**migas: tocarle las migas**: **1.** las sobras: to get only the scraps;

to just get the leftovers
**2.** dinero: to get only the small change

**mil: a mil**: on the fly; hopping

**milonga**: **1.** baile: shindig; wingding **2.** discusión: hassle

**¡minga!**: in a pig's eye! [ver: tomá de acá!]

**mira: tener en la mira**: to have one's eye on

**miseria**: scrooge

**mishiadura**: hard times

**misión cumplida**: mission fulfilled; the deed's done; the deed's did

**miti miti**: halvsies [var.: mita y mita]

**mochila: cargar con la mochila**: to drop this on; hang this on; pin this on; rap with [ver: cargar con el balurdo; cargar con el muerto]

**modernoso**: hep

**moishe**: Kike

**molde: quedarse en el molde**: to sit pretty; to sit tight

**mona: por mas que la mona se vista de seda, mona queda**: you can't make a silk purse out of a sow's ear

**mona: sentir(se) como la mona**: to feel like death warmed over; to feel like something the cat dragged in; to feel like the devil

**¡mongo!**: [de ninguna manera]: forget it!

**mongo: ¡lo que mongo sea!**: whatever the heck it is!; whatever the devil it is!

**monje: desvestir un monje para vestir otro**: to rob Peter to pay Paul

**mono: a papá mono con bananas verdes**: to not hold water

**monta: poca monta**: small-time; small-fry; minor-league

**montado: tener [a alguien] montado en la nariz**: to be on (one's) drop–dead list

**montado: tener [a alguien] montado en un huevo**: to be on (one's) shit list [var.: montado en un ovario]

**montañas: mover montañas**: to move mountains

**montón: uno del montón**: a little fish in a big pond

**moquear**: to snivel

**morcillar**: **1.** conversar: to bat the breeze; gab **2.** entrar en juegos sexuales sin llegar al coito: to pet

**mordete la lengua**: bite your tongue

**mordida: estar en la mordida**: to be on the take

**morfar**: to chow down

**morirse de calor**: to burn up

**morirse de frío**: to freeze to death

**¡morite!**: drop dead!

**mosca: aflojar la mosca**: to fork out the money; to cough up [var.: largar la mosca; pelar la mosca; soltar la mosca]

**mosca blanca**: oddball

**mosca: no se oía ni una mosca**: you could have heard a pin drop

**mosca: quedarse mosca**: to keep cool; to make oneself invisible; to walk on by

**mosca: una mosca en la sopa**: a fly in the ointment

**moscas: caer como moscas**: to drop like flies

**moscas: por si las moscas**: just in case*

**mosquear: sin mosquear(se)**: without batting an eye

**mosquita muerta**: butter wouldn't melt in one's mouth

**motivo de discordia**: bone of contention [ver: piedra del escándalo]

**moto: pará la moto**: hold your horses

**movida: de movida**: **1.** al comienzo: first off; for openers; for starters **2.** inmediatamente: ver SE 128

**mu: no decir ni mu**: to not say a word; to not make a peep

**muere: mandar al muere**: to turn down cold

**muerto: cargar con el muerto**: to drop this on; hang this on; pin this on; rap with [ver: cargar con la mochila; cargar con el balurdo]

**muerto: el muerto se ríe del degollado**: the pot calling the kettle black

**mufa**: **1.** persona que trae mala suerte: ver SE 104 **2.** mala suerte: rotten luck **3.** enojo: ver SE 119

**mula: meter la mula**: to hoodwink; to bamboozle [ver: meter el perro]

**mula: ser una mula**: pigheaded

**mulero**: bamboozler; hoodwinker; cardshark

**muletilla**: time filler

**muñeca: tener muñeca**: wicked; slick

**¡mus!**: shhh!

TENER LA NARIZ PARADA

**nacer el uno para el otro**: to be made for each other

**nada: por nada**: you bet

**nada del otro mundo**: no big deal; no great shakes; nothing to write home about; [ver: no es gran cosa]

**nada más ni nada menos que...**: **1.** exactamente: none other than **2.** no lo vas a creer: you won't believe it, but...

**nadie: un don Nadie**: Nobody [ver: cualunque]

**nadita**: dinky+

**naranja: mi media naranja**: my better half

**nariz: tener la nariz parada**: to be stuck up

**negra: vérselas negra**: to be in a hairy situation; to see things pretty black [ver: vérsela peluda]

**negro: trabajar en negro**: to work with no papers*; to be part of an underground economy

**nene**: baddie

**nervios: tener los nervios de**

punta: one's nerves are frazzled [ver: tener los cables pelados]

**neura**: jumps; screaming meemies

**neura: estar neura**: to have the jumps; to have the screaming meemies

**neura: ser neura**: to be a screaming meemie

**neurona: pirársele la neurona**: to go bonkers

**no se me...**: don't get ... on me

**nona: la nona, la tota y el loro**: everyone and their dog

**nones**: nope

**nube: vender una nube**: to feed a line; to hand a bill of goods; to sell a bill of goods [ver: vender un buzón]

**nubes: vivir en las nubes**: to have one's head in the clouds [var.: vivir en las nubes de Valencia] [ver: vivir en la luna]

**nuca: poner de la nuca**: to drive up a wall [ver: poner del tomate]

**nuevo rico**: new money; the new rich; the *nouveau riche*

**numerero**: bookie

**números: cocinar los números**: to doctor the figures; to fine tune; rejigger; to rehaul [var.: arreglar los números; dibujar los números]

**números: hacer los números**: to crunch numbers

**números: los números no cierran**: the books don't balance; the books don't add up

# ÑOBA

**ñaña**: fussy
**ñañoso**: **1.** caprichoso: fickle **2.** exageradamente delicado y puntilloso: finicky; choosy
**ñoba**: can; pot
**ñoqui**: freeloader

CALENTAR LA OREJA

**obispo: cada muerte de obispo**: once in a blue moon
**ocurrírsele**: to come up with
**off: estar en off**: to be out of sync
**oído: tocar de oído**: to play (it) by ear
**ojear**: to put the evil eye on [ver: lechuzear]
**¡ojito!**: look out!; watch out! [var.: ¡ojo al piojo!; ¡ojo al Cristo!]
**ojo: no pegar un ojo**: to not sleep a wink
**ojo: quedar con la sangre en el ojo**: to have an axe to grind
**ojos: dichosos los ojos que te ven**: a sight for sore eyes
**ojos que no ven, corazón que no siente**: ignorance is bliss; out of sight, out of mind; what you can't see can't hurt you
**olas: no hacer olas**: to not make waves; to not rock the boat
**oler: 1.** huele mal: something smells fishy **2.** me huele mal: I smell a rat
**olivo: dar el olivo**: **1.** deshacerse: to get rid of [ver: dar el raje] **2.** despedir del trabajo: to can; to give (someone) the pink slip [ver: dar el raje]

**olivo: tomarse el olivo**: to take off

**olla: destapar la olla**: spill the beans; let the cat out of the bag

**olla: parar la olla**: to bring home the bacon [ver: ganarse el puchero]

**¡olvídalo!**: forget that noise!

**olvido: dejar algo en el olvido**: to let sleeping dogs lie

**onda: onda [+ adjetivo]**: kind of [+ adjetivo]; ... ish

**onda: de onda**: to do something out of the goodness of one's heart

**onda: estar en la onda**: **1.** hacer carrera: to be on the fast track **2.** informado y a la moda: ver SE 127

**onda: estar en otra longitud de onda**: to be on another wavelength

**onda: fuera de onda**: **1.** desactualizado: out of it **2.** no involucrado: out of the loop

**onda: zero onda**: zero chemistry; zip going on

**ondas: 1.** buenas ondas: good vibes **2.** malas ondas: bad vibes

**orden: sin orden ni concierto**: every which way; mommixed-up; snafued

**oreja: calentarle la oreja a alguien**: to put a bug in someone's ear

**oreja: mojarle la oreja**: to go up against(someone); to take on (someone)

**oreja: parar la oreja**: to prick up one's ears

**oreja: prestar oreja a alguien**: to let (someone) bend one's ear

**orejón: sentirse como el último orejón del tarro**: to feel like the pits

**orejón: ser el último orejón del tarro**: to be the dregs of coffee

**orquesta: a toda orquesta**: to beat all; to beat the band; to the max [ver: a todo trapo]

**orquesta**: **1.** hombre orquesta: jack of all trades **2.** mujer orquesta: wonder woman

**orsai: quedarse en orsai**: to foul out

**ovillo: encontrar la punta del ovillo**: to find one's way out of the woods

# ANDÁ A FREÍR PAPAS

**pachá: vivir como un pachá**: to be on easy street; to live in high cotton; to live high off the hog

**pachorra**: laidback [ver: pancho; tranqui] [var.: pachorriento]

**padre**: heck of a (para enfatizar) [ver: de aquellos; machazo]

**pagando: dejar pagando**: to leave (someone) holding the bag

**pagando: quedar pagando**: **1.** quedar sin poder responder: flabbergasted **2.** quedar avergonzado: mortified

**pagar con la misma moneda**: to answer in kind

**paja: hacerse la paja**: to jack off; to jerk off; to shoot beaver [ver: pajearse]

**paja: hombre de paja**: front; stooge [ver: cabeza de turco]

**pajaritos: tener pajaritos en la cabeza**: to pipe–dream

**pájaro que comió, voló**: [someone who] eats and runs; [someone who] only comes around when he or she wants something*

**pajearse**: to jack off; to jerk off; to

shoot beaver [ver: hacerse la paja

**pajero**: beaver patroler; jack off; jerk off

**pajuerano**: hayseed; hick; country bumpkin; hillbilly [ver: payuca]

**palabra santa**: gospel truth

**palanca: hacer palanca**: to pull strings [var.: palanquear]

**pálida**: bummer

**pálidas: tirar pálidas**: to bum out

**palito: pisar el palito**: to bite the hook; to fall for it; to take the bait

**palma: conocer como la palma de las manos**: to know like the back of one's hand

**palmera: estar colgado de la palmera**: **1.** estar en una mala situación: to be down and out **2.** no saber nada: ver SE 133

**palmera: quedarse en la palmera**: to go by someone; to be over someone's head

**palo: andar en otro palo**: to march to the tune of a different drummer

**palo: estar al palo**: to have a hard–on

**palo: ¡Qué palo!**: What a bummer! [ver: ¡qué garrón!]

**palo: ser del mismo palo**: to be cut from the same cloth; to be cast from the same mold [ver: cortado con la misma tijera]

**palo: un palo**: a million bucks; a million smackers

**palo y a la bolsa**: sweet deal

**palo y palo**: head to head; neck and neck

**palomar**: condo

**palos: poner palos en la rueda**: to throw a monkey wrench into the works

**Palotes: Juan de los Palotes**: John Doe [ver: Juan Pérez ]

**pálpito: tener un pálpito**: to have a hunch; to have a sneaking suspicion

**pampa y la vía**: poor as a church mouse

**pan caliente: como pan caliente**: like hotcakes [ver: como agua]

**pancho**: laidback [ver: tranqui; pachorra]

**pan de Dios**: as good as they come; the salt of the earth; as good as can be [ver: más bueno que Lassie]

**panqueque**: war paint [ver: bleque; revoque]

**panqueque: darse vuelta como un panqueque**: to (do a) flip flop

**pañales: no cambiar los pañales a nadie**: to not be anyone's babysitter

**paños: poner paños fríos**: to pour oil on troubled waters

**papa** [cáncer]: big C

**papá: ¡a Papá!**: what a hot shot!

**papas: ¡andá a freír papas!**:

jump in a lake! [ver: andá a freír churros]

**papas: cuando las papas queman**: when the going gets tough

**papas: sacar las papas del fuego**: to pull the chestnuts out of the fire; to troubleshoot [var.: sacar las castañas del fuego]

**papelón: ¡qué papelón!**: **1.** cómico: what a howler! **2.** serio: what a blunder!,* what an embarrassment!,* how embarrassing!* [ver: ¡qué quemo!]

**papista: más papista que el Papa**: more catholic than the Pope

**papita pa'l loro**: piece of cake; snap [ver: paponia]

**papito con plata**: sugar daddy

**papito sabe**: Father knows best

**paponia**: piece of cake; snap [ver: papita pa'l loro]

**paquete**: **1.** cosas: posh; pricey **2.** personas: smashing **3.** tonto: ver SE 143

**paracaídas**: outsider [ver: colado]

**parado: caer parado**: to land on one's feet

**parado: nacer parado**: to be born lucky

**parado**: **1.** salir bien parado: to come out smelling like a rose **2.** salir mal parado: to come out smelling like a skunk

**parado: no saber dónde uno está parado**: to not know whether one's coming or going

**paraguas: jugo de paraguas**: dirty dishwater

**parar: ir a parar**: to wind up

**parar la máquina**: to stop the presses [var.: parar la pelota]

**pararse**: to be on one's feet

**parate**: closedown; shutdown

**parecer: no tan malo como parece**: not as black as it seems; not so bad as it seems [var.: no tan malo como lo pintan]

**paredes: las paredes oyen**: walls have ears

**pareja**: significant other

**parlanchín**: chatterbox

**parlar**: **1.** flirtear: to schmooze **2.** conversar: to palaver **3.** conversar y persuadir: to pitch; to talk up [ver: chamuyar]

**parlatutti**: motormouth [ver: charlatán]

**partir por el eje**: to throw a monkey wrench in the works

**pasado de rosca**: wound tight as a spring [var.: pasado de vueltas]

**pasado: lo pasado pisado**: let bygones be bygones

**pasearlo**: to take someone for a ride

**paso: abrir paso**: to head up

**paso: de paso, cañazo**: while one's at it; while one's about it

**pasos: a pasos agigantados**: by

leaps and bounds
**paso: salir del paso**: to make do
**pasticho**: snafu
**pasta: tener pasta**: to have the makings of
**pastorear**: **1.** galantear: to pitch woo; to bill and coo **2.** vigilar: to stake out **3.** pasear: to mosey around
**pata: dormir a pata ancha**: to sleep like a baby
**pata dura**: two left feet
**pata: mala pata**: down on one's luck; out of luck; tough luck [ver: tener mala leche]
**pata: meter pata**: to burn up the road; to step on it [var.: darle pata] [ver: meter fierro]
**pata: meter la pata**: to put one's foot in one's mouth
**pata: poner la pata a alguien**: to trip someone up
**¡pata: qué metida de pata!**: boy, did (someone) stick their foot in their mouth (on that one)!
**patadas: en dos patadas**: in a flash; in a jiffy; in a shake
**patalear**: to kick up a fuss
**¡patapúfete!**: *voilà!*
**patear**: **1.** romper con la pareja: to dump **2.** despedir a un empleado: to kick out [ver: fletar]
**patear con las dos piernas**: to be a switch hitter
**patear el tablero**: to upset the applecart
**patear la pelota para adelante**: to keep things going along; to keep things rolling along
**patear la pelota para afuera**: to kick the ball out of bounds; to stall for time
**patilludo: tener (a alguien) patilludo**: to have had it up to one's eyeballs [var.: patiyudo]
**pato: salga pato o gallareta**: no matter what; come what may; come hell or high water
**pato: pagar el pato**: to pay for one's sins [var.: pagar los platos rotos]
**patota**: gang; mob
**patotear**: to bully (around)
**patotero**: gangster; mobster; bully
**patovica**: bouncer
**pavada**: **1.** fácil: snap **2.** sin importancia: small potatoes
**pavear**: to goof off
**pavo: estar en la edad del pavo**: to be in one's teens
**pavote**: no–brainer
**payuca**: hillbilly; country bumpkin; hayseed; hick [ver: pajuerano]
**paz: ¡dejame en paz!**: leave me alone!; get out of my face!
**pecho: tomar a pecho**: to take to heart
**pedalear**: **1.** trampear comercialmente: to mess around (on) [ver: bicicletear] **2.** eludir tomar una decisión: to put off a decision [ver: bicicletear]
**pedazos: caerse a pedazos**: to

fall apart

**pedestal: subido a un pedestal**: on one's high horse [ver: subido al caballo]

**pedir pista**: to be at death's door [ver: estar con un pie del otro lado; estar más cerca del arpa que de la guitarra]

**pedo: de pedo**: damn lucky

**pedo: el año del pedo**: **1**. lejano en el tiempo: in the dark ages▲ **2.** posibilidad remota: ver SE 137

**pedo: va a durar lo que un pedo en una canasta**: that's going to last as long as a snowball in hell [var.: va a durar (tanto) como un pedo en la mano]

**pedo: vivir en una nube de pedo**: to have one's head up one's ass

**pega: se te pega**: it rubs off on you

**pegada: una pegada**: a stroke of (good) luck [ver: golpe de suerte]

**pegado: quedar pegado**: to be left holding the bag [ver: quedar colgado]

**pegar en el poste**: to be a near miss

**pegarla**: to make it; to luck out [ver: zafar]

**pejerto**: turn off

**pelado como una bola de billar**: bald as a cue ball

**pelar**: to trot out; to whip out

**peleado: estar peleado con la vida**: to be mad at the whole world

**peliagudo**: tricky

**pellejo: arriesgar el pellejo**: stick out one's neck

**pellejo: cuidar el pellejo**: to cover one's back▲; to cover one's butt▼

**pelito: por un pelito**: by the skin of one's teeth

**pelo: al pelo**: outstanding; perfect; super

**pelo: por un pelo**: by the skin of one's teeth

**pelo: tomar el pelo**: pull someone's leg

**pelos: con pelos y señales**: blow–by–blow

**pelos: no tener pelos en la lengua**: to not mince one's words*

**pelos: poner los pelos de punta**: to be scared out of one's wits

**pelota: 1.** dar pelota: to pay attention to* ▲ [ver: dar bola] **2.** no dar pelota: to blow off▲ [ver: no dar bola]

**pelotas: en pelotas**: **1.** desnudo: butt–naked [ver: estar en bolas] **2.** no saber nada: to not know shit (about); to not have a fucking idea (about) [ver: estar en bolas] **3.** sin dinero: ver SE 113 [ver: estar en bolas]

**pelotas: ¡las pelotas!**: like hell;

like shit!; the hell you say!

**pelotas: quedarse en pelotas**: 1. no entender: to not get diddly–squat 2. quedarse sin nada: to wind up with diddly–squat [ver: quedarse en bolas]

**pelotas: tener las pelotas por el piso**: to be fucking fed up

**pelotas: tener pelotas**: to have balls; to have cojones [ver: tener bolas; tener cojones]

**pelotas: tenerlo agarrado de las pelotas**: to have (someone) by the balls; to have (someone) by the short hairs [ver: tener agarrado de las bolas]

**pelotas: tirarle de las pelotas**: to give (someone) hell

**pelotudez**: easy as shit; simple as shit; stupid–ass

**pelotudo**: asshole; shithead; shitface

**pelucas: ¡las pelucas!**: my foot!

**peluda: ponerse peluda**: to get hairy [var.: ponerse peleaguda]

**peluda: vérsela peluda**: to be in a hairy situation; to see things pretty black [var.: peliaguda] [ver: vérsela negra]

**peludo: como peludo de regalo**: like a bolt from the blue

**pendejada**: 1. grupo de jóvenes: juveniles 2. chiquilinada: asinine

**pendorcho**: 1. cosa: gadget; widget 2. pene: ver SE 110

**peor es nada**: it could be worse*; things could be worse*

**peor: ir de mal en peor**: to go from bad to worse

**percha**: nice bones

**perder: llevar las de perder**: to have all the odds against one

**perdido por perdido**: last resort

**perdones: mil perdones**: a thousand pardons

**Pérez: Juan Pérez**: John Doe [ver: Juan de los Palotes]

**perfil: mostrar un perfil bajo**: to keep a low profile; to be low key

**pergamino: desplegar los pergaminos**: to polish all one's brass

**peringundín**: dive; joint

**pero: hay un pero**: there's a "but" to this

**perogrullada**: trite remark

**perogrullo: una verdad de perogrullo**: as plain as the nose on one's face

**perro**: 1. (alguien que) habla incorrectamente: ignoramus 2. bruto: animal 3. mal cantante: (someone who) can't carry a tune in a basket*

**perro: meter el perro**: hoodwink; bamboozle [ver: meter la mula]

**perro: perdido como perro en cancha de bochas**: to be rattled

**perro: puro perro**: a Heinz 57 variety [ver: cuzco]

**perro que ladra no muerde**: a

barking dog doesn't bite

**persecuta**: double–gaited; sicko

**perseguirse**: to be obsessive–compulsive

**pesado: estaba tan pesado...**: it was so thick, you could cut it with a knife

**pesada: estar en la pesada**: hood*; heavy*

**pescar la vuelta**: to get the hang of; to get the knack of [ver: tomar la mano]

**peso: siempre le falta cinco para el peso**: always a day late and a dollar short

**pestañas: tener agarrado de las pestañas**: to have by the scruff of the neck

**peste: hablar peste(s) de**: to bad–mouth

**pez gordo**: big shot

**pez: el pez por la boca muere**: to have to stew in one's own juice

**piaste: tarde piaste**: to pipe up too late

**pibe: che pibe**: gopher

**piberío**: kids

**picada**: **1.** ingredientes: appetizers*; munchies **2.** carrera: drag

**picar: dejarle picando la pelota**: to put the ball in someone else's court

**picar: ¿qué (bicho) te picó?**: what's bugging you?; what's eating you?

**pichincha**: steal

**pichulear**: to haggle

**pichulear el mango**: to pinch pennies

**pico** [beso]: peck

**pico: cerrar el pico**: to shut one's trap

**picota: en la picota**: on the spot

**pie: al pie del cañón**: holding down the fort

**pie: dar pie**: **1.** favorecer: to give [someone] ammunition [ver: dar cassette; dar letra] **2.** dar pista: to start someone off

**pie: entrar con el pie derecho**: to get off on the right foot

**pie: estar con un pie del otro lado**: to be at death's door [var.: estar con un pie en el cajón] [ver: más cerca del arpa que de la guitarra; pedir pista]

**pie: no dar pie con bola**: to be buffaloed

**pie: venir al pie**: to cave; to knuckle under; to fold

**piedra del escándalo**: bone of contention [ver: motivo de discordia]

**piedra: linda piedra para la onda**: dipstick; scumbag

**piel: cuestión de piel**: a question of chemistry

**pies: no sacar los pies del plato**: to not step out of line

**pieza: dejar de una pieza**: to flabbergast; to dumbfound [ver: dejar helado]

**pifiar**: to mess up [var.: pifiar fiero: to miss by a mile; to be really wide of the mark]
**pijotear**: to pinch pennies
**pilas: estar con todas las pilas**: to be full of piss and vinegar [var. tener pila]
**pilas: ¡poner pilas!**: get with it!; rev it up!
**pilcha**: duds; number; rags; threads
**pileta: tirarse a la pileta vacía**: to jump off into the deep end [var.: tirarse a la pileta sin salvavidas] [ver: tirarse al agua]
**piltrafa: estar hecho una piltrafa**: to be bone tired
**pinchar**: to egg on; to prod; to jolt
**pincharse**: to fall through
**pinche**: flunky
**pindonga: ¡la pindonga!**: I'll be damned!
**pinela: chau pinela**: that's it; that's all there is to it [ver: a otra cosa, mariposa; listo el pollo]
**pincha: ni pincha ni corta**: cuts no ice; makes no diff
**pinta: hacer pinta**: to flaunt it [ver: hacer facha; hacer rostro]
**pintado**: cutout figure
**pintar**: to look like [var.: tener pinta de]
**pintarse la cara**: to put on one's face; to put on one's war paint
**pinturita**: real neat
**pinzas: tomarlo con pinzas**: to take it with a grain of salt; to take it with a pinch of salt
**piojo resucitado**: new money
**piola**: wise guy [para varones y mujeres]
**piola: quedarse piola**: to sit tight
**piolada**: slick* [ver: canchereada]
**pique: irse a pique**: to go down the drain; to go down the tubes
**piques: salir a los piques**: to burn rubber [jerga masculina]; to zoom off
**piquito**: peck*
**pirata**: double-dealer; diddler
**pirulo: marca pirulo**: brand x
**pirulos**: miles
**pisar: no dejar que lo pisen**: to not let them walk all over one
**pispear**: to take a sneak-peek
**pista: se fue de pista**: to overdo
**pistola**: **1.** vivo: sharp **2.** pene: ver SE 111
**pito: ¿qué pito toca?**: what's one got to do with this?
**pitos: entre pitos y flautas**: what with one thing and another
**pituco**: sharp dresser
**piyado**: stuck–up [var.: pillado]
**piyarse**: to become cocksure of oneself
**pizpireta**: get-up-and-go; perky; zingy [var.: pizcueta; pizpiretonga] [ver: chispita]
**planchar**: to be a wallflower
**plano: pasar a segundo plano**: to take a back seat

**plantado: dejar plantado**: to stand up [ver: dejar colgado]
**plato**: howl; hoot
**poco: por si fuera poco, parió Filomena**: and if that weren't enough...; to top it all off
**poder: tener poder de convocatoria**: to be a crowd–drawer
**poderoso caballero es don dinero**: money talks
**podrida: armarse la podrida**: there's going to be big trouble
**podrido: tener podrido**: to be sick and tired of [ver: tener seco]
**polenta**: **1.** energía: drive **2.** talento: flair **3.** excelente: ver SE 121
**poligriyo**: poor slob
**pollerudo**: hen–pecked [ver: calzonudo]
**pollo: listo el pollo (pelada la gallina)**: and that's all there is to it; and that's it [ver: a otra cosa, mariposa; chau pinela]
**pólvora: correr como reguero de pólvora**: to spread like wild fire
**pólvora: descubrir la pólvora**: to make a brilliant deduction; to make a brilliant discovery
**pólvora: no gastar pólvora en chimangos**: it doesn't pay; it's not worth making such a big deal out of
**pomo**: squat
**pomo: no cazar un pomo**: to flat out miss the boat; to flat out miss the bus [var.: no entender un pomo] [ver: no cazar ni una]
**ponchazos: hacer a los ponchazos**: to do a sorry job of [ver: hacer a la bartola; a la que te criaste]
**poncho: todo bien pero el poncho no aparece**: the cards are all here but they´re stacked
**poner en el ruido**: **1.** actualizar: to bring up to speed **2.** enderezar: to set straight; to straighten up [var.: poner en la cosa; poner en tema]
**porquería**: crud
**porquería: de porquería**: cruddy; lousy; rotten
**¡por su!**: for sure!, you bet! [ver: ¡seguro!]
**¡por su, boludo!**: absofuckin'-lutely!
**posta: batir la posta**: to give the skinny; to give the straight dope; to tell [someone] the gospel; to tell [someone] the honest–to–God truth [var.: dar la posta; pasar la posta]
**posta: tener la posta**: to have the goods on someone
**precisa**: goods; info; lowdown; poop; skinny
**pregunta: menos pregunta Dios y perdona**: ask me no questions, I'll tell you no lies
**prenda: no largar prenda**: to play one's cards close (to

one's chest)

**prenderse (en todas)**: to get in on the act; to go for it [ver: subirse a ese taxi]

**prepo: de prepo**: to buffalo; to sandbag

**preso: marche preso**: to sell someone down the river

**primera: en la primera de cambio**: at the drop of a hat; the first chance one gets

**proa: de proa a popa**: from stem to stern

**problema: flor de problema**: Houston, we have a problem

**producida**: all plastic surgery*

**profeta: nadie es profeta en su tierra**: no one is a prophet in their own land

**programa**: **1.** cita: date* **2.** actividad: activity*

**programa: un programa chino**: bad scene [var.: un programa japonés; un programa filipino]

**prometer el oro y el moro**: to promise the moon

**psicopatear**: to psych out

**púa: meter púa**: to stir (up) the embers

**pucha: ¡la pucha!**: Holy smoke(s)!; Oh gosh!

**puchero: ganarse el puchero**: to bring home the bacon [ver: parar la olla]

**pucho**: **1.** cigarillo: cancer stick; coffin nail; smoke [ver: faso] **2.** colilla: butt

**pucho: sobre el pucho**: on the spur of the moment

**puchos: de a puchos**: bit by bit; little by little

**pudrió: se pudrió todo**: everything got loused up; everything got screwed up

**puentear (a alguien)**: to bypass (someone) [ver: caminar]

**puerto: ir a mal puerto por leña**: to bark up the wrong tree

**pulgar: bajarle el pulgar**: to turn thumbs down on

**pulgas: tener pocas pulgas**: to be short–tempered; short–fused

**punta: de punta a punta**: from end to end [var.: de punta a rabo]

**punta: estar de punta en blanco**: spic & span; squeaky clean

**puntada: no dar puntada sin hilo**: to not do anything for nothing

**puntas: vivir a dos puntas**: to burn the candle at both ends [var.: quemar la vela a dos puntas]

**punto**: John

**punto: bajo ningún punto de vista**: no way

**punto: poner punto final**: to wind (things) up; to call it quits (on this)

**punto: tomar de punto**: to play for a fool; to take for a fool

**puntos: poner los puntos sobre las íes**: to dot one's i's and cross one's t's
**puta: andate a la puta que te parió**: fuck you; fuck off; go take a flying fuck
**puta: ¡la gran puta!**: oh shit a brick!
**puta: por lo que puta pudiera**: just in fucking case
**¡puta suerte!**: fucking luck!; shitty luck!
**puteadas: estar a las puteadas**: to cuss out▲
**putear**: to cuss out▲
**putear de todos los colores**: to cuss (someone) out up one side and down the other
**puto [+ sustantivo]**: a fucking …

# QUEMARSE

**quedado**: deadhead

**quedar: hacer quedar bien**: to make look good

**quema: el que se quema con leche ve una vaca y llora**: once bitten, twice shy

**quemarse**: **1.** avergonzarse: to lose face [ver: incendiarse] **2.** decir o hacer algo inapropiado: to get burned [ver: incendiarse]

**quemarse las pestañas**: to burn the midnight oil

**quemo**: blunder*; embarrassment*

**quemo: ¡qué quemo!**: what an embarrassment!*; how embarrassing!* [ver: papelón]

**querer es poder**: where there's a will, there's a way

**quichicientos**: whole bunch; whole lot

**quién te ha visto y quién te ve**: I knew you back when (you were a nobody)

**quién te quita lo bailado**: you can't take that away from [someone]

**quilombero**: hellraiser; trouble maker

**quilombo: hacer un quilombo**: to raise hell; to raise holy hell

**quilombo: se armó un quilombo**: all hell broke loose

**quilombo**: **1.** lío: helluva mess; bitch of a mess **2.** burdel: ver SE 140

**quintita: cuidar su propia quintita**: to look out for one's own good; to protect one's own turf

# RELOJEAR

**rabona: hacer la rabona**: to play hooky; to cut class; to ditch class [ver: hacer la rata]

**racha**: streak, spell

**racha: tener una mala racha**: to have a streak of bad luck; to have a spell of bad luck

**radio: escuchar por radio pasillo**: to hear on the grapevine

**¡rajá¡**: scram!; beat it!

**rajacincha: trabajar a rajacincha**: to work [oneself] to a frazzle

**rajando: ir rajando**: to peel out [var.: salir rajando]

**rajar**: to axe; to give the axe

**rajarse**: to split; to take a powder [ver: espiantar]

**raje: dar el raje**: **1.** deshacerse: to get rid of [ver: dar el olivo] **2.** despedir del trabajo: to can; to give (someone) the pink slip [ver: dar el olivo]

**ramas: irse por las ramas**: to ramble; to get off the track

**rana: ser un rana**: to be as sly as a fox

**rancho: hacer rancho aparte**: to to go off by oneself; to not be a joiner [ver: cortarse solo]

**rápido: más rápido que un bombero**: faster than a speeding bullet; quicker than lightning

**rasca**: **1.** personas: sleaze **2.** de aspecto inferior o de mala calidad: sleazy

**rascar**: to neck; to pet

**rascarse**: to goof around; to goof off [var.: rascarse a cuatro manos]

**raspando: pasar raspando**: to squeak by; to scrape by

**rasposo**: shabby

**rastrillar**: to comb

**rata: hacer la rata**: to play hookey: to cut class; to ditch class [var.: ratearse] [ver: hacer la rabona]

**ratón Pérez**: tooth fairy

**ratonearse**: to get hot and bothered; to get turned on; to fantasize (about) [var.: hacerse los ratones] [ver: hacerse el bocho]

**ratones: ¿te comieron la lengua los ratones?**: (the) cat got your tongue?

**raya: pasarse de la raya**: to go overboard

**raya: tener a raya**: to make (someone) toe the mark; to make (someone) toe the line

**rayarse**: to flip one's lid; to freak out; to go crazy; to go bananas; to go bonkers; to go out of one's gourd

**raye**: **1.** obsesión: a bee in one's bonnet; a thing **2.** locura: ver SE 130 **3.** enojo: ver SE 119

**rayo: ¡qué me parta un rayo!**: may I be struck dead!

**re**: real [ejemplo: rebueno = real good; relindo = real pretty]

**rebajar**: to cut down (to size); to take down (to size)

**rebaño: seguir el rebaño**: to jump on the bandwagon [var.: seguir la manada]

**reblán**: old toot [var.: reblandecido]

**rebobinar**: to reroll the movie; to play it again

**rebotar**: to turn down

**rebuscárselas**: to concoct; to cook up; to fabricate; to find a way to make ends meet

**rebusque**: a way out; a way to make ends meet [ver: guille]

**recauchutarse**: to do some touch–up work

**recto**: upfront

**redondear el tema**: to sum (things) up; to wrap (things) up

**reenamorado**: head over heels in love

**regalo del cielo**: Godsend

**relajado**: backslider

**relojear**: to check out; to give the once over

**remándola**: to get by [ver: ir tirando]

**remanyado**: (as) old as the hills

**remedio: el remedio es peor que la enfermedad**: the cure is worse than the disease
**reo**: bum
**requechos**: left–overs
**repartija: hacer la repartija**: to divvy up
**resbalar**: to be like water off a duck's back [ver: llover]
**reservas: tener sus reservas**: to have one's doubts [ver: tener sus dudas]
**respuesta: una pregunta con una respuesta cantada**: does a bear shit in the woods?▼; is the Pope catholic? [ver: chocolate por la noticia]
**resultado: dar un buen resultado**: to get one's money's worth
**retacón**: short & stout
**retranca: echarse a la retranca**: to dig in one's heels [var.: sentarse a la retranca; tirarse a la retranca]
**retrato: vivo retrato**: spitting image
**reventado**: **1.** exhausto: dead tired **2.** marginal: leper **3.** loco: ver SE 130
**reverendo...**: some kind of a ... [var.: reverendísimo...]
**revolear**: to swing and hurl
**revoque**: war paint [ver: bleque; panqueque]
**río: a río revuelto, ganancia de pescadores**: there's good fishing in troubled waters
**risa: hacer matar [a alguien] de risa**: to keep [someone] in stitches
**rojo: estar en rojo**: to be in the red
**rolar**: **1.** andar en compañía de alguien: to hang out with **2.** funcionar: to fly
**rollo: largar el rollo**: to get something off [one's] chest
**Roma: hablando de Roma...**: speaking of the devil...
**romana: a la romana**: to go Dutch
**rompe y raja**: cocksure
**romper: la rompí**: I aced it
**romper la noche**: to do up the town; to paint the town red
**romperse**: to kill oneself
**romperse el culo**: to bust one's ass
**romperse el tujes**: to bust one's butt
**roncha: hacer roncha**: to wow someone; to bowl someone over
**roña: buscar roña**: to look for trouble
**ropero**: five–by–five; stocky; tub
**rosca: armar la rosca**: to kick up a fuss; to kick up a row
**rostro: cortar el rostro**: to give the cold shoulder; to give the chill treatment; to give the go–by
**rostro: hacer rostro**: to flaunt it

[ver: hacer facha; hacer pinta]

**roto: siempre hay un roto para un descosido**: there's always a lid for a pot

**ruda: más común que la ruda**: as common as dirt

**ruido: mucho ruido y pocas nueces**: much ado about nothing; no big deal

**rumbear**: to be headed for; to head for

**ruta: su ruta**: buzz off

**rutina: estar en una rutina**: to be in a rut

# COMO SAPO DE OTRO POZO

**sabe: no sabe, no contesta**: to dodge

**saber a qué atenerse**: to know where one stands; to know where things stand

**saber: ¡vaya uno a saber!**: go figure! [var.: ¡andá a saber!]

**sacarse**: to lose it

**sacerdocio**: **1.** compromiso extremo: true dedication: above and beyond the call (of duty) **2.** demasiado trabajo: worse than volunteer work; slavery

**salir con la suya**: to get one's own way

**salpicar: si uno habla, salpica**: if one talks, it's going to hit the fan; if one opens one's mouth, it's going to hit the fan

**salto al vacío**: flying in the face of death*

**¡salud!**: **1.** al estornudar: bless you!; gesundheit! **2.** al brindar: cheers! [ver: ¡chin chin!]

**sanata**: fish story; fish tale; line [ver: cantinela, verso]

**sangre de orchata**: ice flows through [someone's] veins; ice runs through [someone's] veins [var.: sangre de pato]

**sangre: no hacerse mala sangre**: to not sweat it

**santos: todos los santos días**: every blessed day

**sapo: comerse un sapo**: to swallow [something] hook, line, and sinker [var.: tragarse un sapo]

**sapo: hacer sapo**: to lay an egg; to fall flat on one's face

**sapo: más frío que la barriga de un sapo**: cold fish; iceberg; ice maiden (para una mujer)

**sapo: ser sapo de otro pozo**: to be a fish out of water; to not fit in

**saque: de un saque**: **1.** sin interrupción: non–stop **2.** de un momento a otro: from one moment to the next* **3.** dejar de hacer sin transición: cold turkey [ver: de un tirón; de una]

**sarsarasa**: duh-duh-duh-duh-duh-duh-duh

**sarna con gusto no pica**: take the good with the bad

**sartén: tener la sartén por el mango**: to have the upper hand

**seco: parar en seco**: to bring up short; to pull up short

**seco: quedarse seco**: **1.** impresionarse: to blow one's mind **2.** morir: ver SE 132

**seco: tener seco**: to be sick and tired of [ver: tener podrido]

**seguidor como perro de sulky**: hang in there; never say die

**segundón: jugarla de segundón**: to play second fiddle

**¡seguro!**: for sure!; you bet! [var.: ¡segurola!] [ver: ¡por su!]

**semifusa**: billy club; pacifier

**semilla: quedar para semilla**: to live through the ages

**sentir que uno sobra**: to be a fifth wheel; to feel like a fifth wheel [var.: sentir que uno está de más]

**serruchar el piso**: to pull the rug out from under

**servir: no servir ni para un barrido ni para un fregado**: to not be worth a plugged nickel

**servir: no servir para nada**: to be good for nothing

**seso: exprimirse el seso**: to wrack one's brain [ver: romperse el mate]

**sí: estar que sí, que no**: to blow hot and cold

**siete: ¡la gran siete!**: dumbnuts!

**sobar el lomo**: to stroke (someone's) ego

**sobrador**: brash

**sociales: hacer sociales**: to have girl talk; to have woman talk; to have boy talk; to have man talk

**socotroco**: **1.** pene: ver SE 111 **2.** pegar: ver SE 135 **3.** bulto: thing

**soda: tomarlo con soda**: to take it easy

**soga: darle soga**: to give someone (all) the rope one needs to hang oneself

**solari**: solo; unattached; footloose and fancy free [var.: solano] [ver: irigoyen]

**solo: más solo que un puto viejo**: fucking lonely

**sonado**: **1.** loco: ver SE 130 **2.** fracasado: done for **3.** moribundo: at death's door

**sonar (como arpa vieja)**: **1.** fallar: to wash out; to blow it **2.** morir: ver SE 132

**sonarlo**: to blow it [ver: arruinarlo]

**sonar (conocido)**: to ring a bell

**sondear(lo)**: to feel [someone] out

**sopa: ¡otra vez sopa!**: that again!*

**sopa: ver [algo] hasta en la sopa**: to see [something] even in one's dreams

**soplar la mina; soplar el candidato**: to steal (someone´s) girl*; to steal (someone´s) guy*

**soplar y hacer botellas**: to make magic; to work wonders [ver: hacer maravillas]

**soponcio**: fit

**sordeli**: to be on the deafside; to be a little deaf; to be deafish

**sordo como una tapia**: deaf as a (fence) post

**soretaje**: grunts

**sorete**: turd [var.: teresos]

**soretes: caer soretes de punta**: to rain turds

**sota: verle la pata a la sota**: to get a line on

**sucio: hacer un sucio**: to do a dirty deed

**sudor: con el sudor de la frente**: with the sweat of one's brow

**suelto de cuerpo**: cool as a cucumber

**susto: pegarse un buen susto**: to get one's wits scared out of one [var.: pegarse un flor de susto]

# SACAR LOS TRAPITOS AL SOL

**tabas: mover las tabas**: to shake a leg
**tabla**: flat–chested
**tacataca**: cash on the barrel head [ver: contado rabioso]
**tachero**: cabbie; hack
**tacho**: **1.** taxi: taxi; cab **2.** auto viejo: ver SE 105 **3.** recipiente: can **4.** nalgas: ver SE 110 **5.** suerte: ver SE 104
**tacho: ir al tacho**: to go belly up; to go bust; to go toes (up)
**tal para cual**: made for each other; meant for each other
**talentos: buscatalentos**: head-hunter
**tanga**: **1.** negociado: dirty tricks; shady business **2.** algo muy ventajoso: racket; sweet deal [ver: curro; tongo] 3. negocio turbio: ver SE 133
**tangente: irse por la tangente**: to go off on a tangent; to get sidetracked
**tapa: ponerle la tapa**: to put a lid on
**tapado**: **1.** embaucador: actor; four–flusher; handshaker **2.** tímido: shrinking violet
**tapete: estar en el tapete**: to be

in the headlines
**tapujos: sin tapujos**: no holds barred
**taquito: [hacer algo] de taquito**: (to do something) with one's eyes closed; (to do something) with one's hands tied; (to do something) with one's hands behind one's back
**tararse**: to get tongue tied
**tarjeta: sacarle la tarjeta roja**: to call a foul
**taxi: subirse a ese taxi**: to get in on the act; to go for it [ver: prenderse (en todas)]
**techo: los sin techo**: the homeless
**tecla: dar en la tecla**: to put one's finger on it
**teclear**: to be skating on thin ice
**tejes y manejes**: to know one's way around*; to know which doors to knock on*; to know which buttons to push*
**teléfono descompuesto**: snafu
**telo: irse al telo**: to go roll in the hay
**tema: estar en tema**: to be in the loop
**tema: no estar en tema**: to be out of the loop [var.: estar fuera de tema]
**tema: irse de tema**: to get off track
**tercerizar**: to outsource
**¡terminala!**: knock it off!
**tía: no hay tu tía**: no way, José
**tiempo: a mal tiempo, buena cara**: put on your "smiley" face
**tiempo: a su debido tiempo**: in due course; in due time
**tiempo de locos**: **1.** hace mucho tiempo: forty forevers **2.** clima inestable: crazy weather
**tiempo: tomarle el tiempo**: to have someone figured out; to have someone's number
**tijera: estar cortado con la misma tijera**: to be cut from the same cloth; to be cast from the same mold [ver: ser del mismo palo]
**tilingo**: **1.** superficial y afectado: good–for–nothing **2.** presumido: snooty; uppity
**timba**: game of chance*; game of fortune*
**timbear**: to gamble*
**timbero**: gambler*
**tintas: cargar las tintas**: to make matters worse
**tintero: quedó en el tintero**: (something that) couldn't be done or said;* (something that) couldn't be gotten around to*
**tipazo**: good guy; good egg; great guy [var.: tipaza: good gal; good egg; great gal]
**tirado**: dirt cheap
**tirado (como el perejil)**: **1.** deprimido: down in the dumps; bummed out [ver: bajoneado] **2.** sin dinero: ver SE 113
**tirando: ir tirando**: to get by [ver:

remándola]
**tirapálidas**: gloomy Gus; killjoy
**tirar la casa por la ventana**: to do it up in style
**tirar la toalla**: to throw in the towel
**tiro: al tiro**: right off the bat; right away
**tirón: de un tirón**: non–stop [ver: de un saque; de una]
**Titanic: bailar en la cubierta del Titanic**: to fiddle while Rome burns
**tocar de cerca**: to strike home
**todo bien**: everything's cool
**toletole**: hoo–ha; hullaballo
**¡tomá de acá!**: in a pig's eye! [ver: ¡minga!]
**tómalo o déjalo**: take it or leave it
**tomar: no tomar tan a pecho**: to not take it to heart
**tomate: poner del tomate**: to drive up a wall [ver: poner de la nuca]
**¡tomátelas!**: take a hike!; beat it! [ver: ¡aire!]
**tomates: agarrar para el lado de los tomates**: to get wrong; to take wrong
**tome y traiga**: tit for tat
**ton: sin ton ni son**: no rhyme, no reason; senseless* [ver: a tontas y a locas]
**tongo**: **1.** algo muy ventajoso: racket; sweet deal [ver: curro; tanga] **2.** negocio turbio: ver SE 133
**tontas: a tontas y a locas**: without rhyme or reason [ver: sin ton ni son]
**toque: al toque**: in no time flat; PDQ; right away [ver: derecho viejo]
**toquetón**: touchy–feely
**tordo**: bones; pill–peddler; pill–pusher; sawbones
**tornillo: hace un tornillo**: it's cold as heck
**toro: tomar el toro por las astas**: to take the bull by the horns
**torrar**: to hit the sack [var.: atorrar]
**tortilla: darse vuelta la tortilla**: to turn the tables on [var.: darse vuelta los papeles]
**total**: flat–out
**trabado**: stuck
**traga**: egghead
**tragada**: gyp
**tragárselo**: to believe; to buy; to swallow; to take the bait [ver: creérselo]
**traicionarle el inconsciente**: a Freudian slip*
**tramar**: to cook up [ver: elucubrar]
**tranqui**: laidback [ver: pancho; pachorra]
**¡tranqui!**: chill out!
**tranquilo: así me quedo más tranquilo**: that really takes a load off my mind
**transar**: **1.** acariciarse con intención sexual: to pet [ver: apretar; chamuyar] **2.** fornicar: ver SE 125 **3.** traficar droga: to

peddle; to deal **4.** ceder: to give in
**trapitos: sacar los trapitos al sol**: to air one's dirty linen in public
**trapo: a todo trapo**: to beat all; to the max [ver: a toda orquesta]
**trapo: estar hecho un trapo de piso**: to feel mopey; to feel mopish
**trapo: pasar el trapo**: to outdo
**trascartón**: right after
**trastada**: crap
**traste: como el traste**: crappy
**trastienda**: behind the scenes [ver: detrás de las bambalinas]
**tremenda: no tomar tan a la tremenda**: to not make such a big deal out of
**tren de vida**: lifestyle
**tren: perder el tren**: to miss the boat
**tren: seguir el tren**: to keep up with
**tren: venir en tren de...**: to be about to...
**trochemoche**: left and right
**tronco: dormir como un tronco**: to sleep like a log
**tronco: ser un tronco bailando**: like dancing with a fence post*
**trotes: no estar para estos trotes**: to be over the hill
**trucho**: **1.** falso: phony, fake [ver: berreta] **2.** ordinario: ver SE 135 **3.** ilegal: bogus **4.** persona poco convincente: flimflam artist [var.: truchón; truchex]
**tubazo**: buzz; jingle; ring
**tuerca: 1.** fanático de autos: car freak; car buff **2.** auto veloz: ver SE 105
**tufo**: cheesy; funky; raunchy
**tuntún: al tuntún**: **1.** con descuido: slambang; hit–or–miss **2.** estimación: ver SE 120
**tupé**: chutzpa
**turco**: camel jammer; rag head; sand nigger [var.: cotur] [ver: beine beneta]
**turco: cabeza de turco**: front; stooge [ver: hombre de paja]
**turco: estar como turco en la neblina**: to be lost in a fog
**turro**: double–dealer
**tutti: con tutti**: the whole nine yards

# UPA

**¡ufa!**: ugh!

**último: el último es cola de perro:** the last one is a rotten egg

**una: de una**: **1.** sin interrupción: non–stop **2.** de un momento a otro: from one moment to the next* **3.** dejar de hacer sin transición: cold turkey [ver: de un saque; de un tirón]

**una: ni una ni otra**: neither fish nor fowl [ver: ni chicha ni limonada; ni fu ni fa]

**único: lo único que faltaba:** that's the last straw; that's just what [one] needed

**uno: el uno para el otro:** made for each other

**upa: de upa**: free gratis

**upa: querer upa**: to want to be picked up* [var.: querer upita]

# TENER LA VACA ATADA

**vaca: tener la vaca atada**: **1.** tener todo: to have the world by its tail **2.** tener mucho dinero: ver SE 113

**vaca lechera**: cash cow

**vacas: época de vacas gordas y época de vacas flacas**: (it's either) feast or famine; lean years or fat years

**vachaché: ¿qué vachaché?**: whachagunado?

**vacunado**: immune

**vagoneta**: lazy bum; lazy bones [ver: fiaca]

**vaina: salirse de la vaina**: to burst at the seams

**vale: más vale que sobre y no que falte**: it's better to have too much than too little [var.: más vale que sosobre que fafalte]

**vale: todo vale**: anything goes; everything goes

**válido: ser válido**: to hold good

**vamo y vamo**: to go fifty–fifty; to go Dutch

**vamos: desde el vamos**: from the get-go; from the word go

**¡vamos todavía!**: give me five! [ver: chocar los cinco]

**vampiresa**: vampire femme

**vaquita: hacer una vaquita**: to get up a kitty; to get up a pool
**variar**: to take for a walk; to take for a ride
**vecino: cualquier hijo de vecino**: John Q. Public
**vela: tener la vela**: to cool one's heels; to bide one's time
**veleta: ser veleta**: to blow with the wind
**venderse a rolete**: to sell like pancakes; to sell like a house on fire [var.: venderse como agua]
**ventajero**: slick(er)
**ventosa** [beso]: smacker
**verano de San Juan**: Indian summer
**verde**: greenhorn; rookie
**verde: la veo verde**: looks iffy to me
**verduguear**: to bully
**verdurita**: worthless stuff
**vereda: estar en la vereda de enfrente**: to be on the opposite side of the fence
**veremos: dejar en veremos**: to backburner; to put on the back burner; to shelve; to put on hold [ver: archivar; cajonear]
**verlo mal para la foto**: to not think [someone] will be around long; to not think [someone] will make it into the family album
**versero**: creator; politician [ver: camandulero]
**verso**: fish story; fish tale; line [ver: cantinela, sanata]
**vestido para la guerra**: dressed for war
**vestido para matar**: dressed to kill
**¡vía!**: scoot!
**viaje: para todo el viaje**: for keeps
**viaje: pegar(se) un viaje**: to be spaced out
**viaraza**: (to go) mercurial
**vidrio: no comer vidrio**: to be nobody's fool; to not be born yesterday [ver: no chuparse el dedo; no pellizcar espejos]
**vidurria: ¡qué vidurria!**: this is the life!; this is the cat's meow! [ver: ¡la fresca viruta!]
**vieja**: old lady [se refiere a la madre o esposa]
**viejazo: agarrar el viejazo**: to have an "old-timer" attack [var.: darle el viejazo; estar con el viejazo]
**viejo**: old man [se refiere al esposo o padre]
**villamiseria**: shanty town [var.: villa]
**villero**: [maleducado] grunge
**vinagre**: sourpuss
**viruta: ¡la fresca viruta!**: this is the life!; this is the cat's meow! [ver: ¡qué vidurria!]
**viruta: sacarle viruta al piso**: to dance up a storm
**vista: en vista de**: in (the) light

of; considering

**vista: tener en vista**: to be planning on

**vividor**: spong(er)

**vivir al día**: to live from hand to mouth [ver: andar en los caños]

**vivir de arriba**: freeloader

**víveres: cortar los víveres**: to cut off (someone's) water

**vizcachazo: errarle al vizcachazo**: to mess up big time

**volado**: astronaut; flake; space cadet [ver: despistado]

**volteada: caer en la volteada**: to fall victim (to)

**vuelta: dar vuelta [a alguien]**: to knock (someone) off their feet; to sweep (someone) off their feet

**vuelta: dar vuelta y media (a alguien)**: to make (someone) eat one's dust

**vuelta: pescar la vuelta**: to get the hang of; to get the knack of [ver: tomar la mano]

**vueltas: no tener vueltas**: to be up front

**vueltero**: tap dancer; weasel

# YUGAR

**¡y qué!**: big deal!; so what! [ver: ¡cuál es!; ¡cuál hay!]
**yapa: de yapa**: for good measure
**yeite**: good buy*; sweet deal [ver: ganga]
**yerbas: y demás yerbas**: and the like; and so on and so forth [var.: y demás hierbas]
**yirar**: to cruise
**yo, ¡argentino!**: I'm lily white; I'm squeaky clean
**yugar**: **1.** soportar: ver SE 141
**2.** trabajar duro: to slave
**yugo**: grind

# ZAFADO

**zafado**: **1.** mal hablado: dirty mouth **2.** atrevido: smart-aleck; fresh; sassy

**zafar**: **1.** salvarse: to scrape by; to squeak by [ver: marcar tarjeta] **2.** sobrevivir: to get by **3.** acertar: to make it; to luck out [ver: pegarla]

**zafar como un duque**: to come out smelling like a rose

**zarparse**: **1.** hablar de más: to run off at the mouth; to shoot off one's mouth [ver: irse de boca] **2.** ser insolente: to lip off; to mouth off [var.: sarparse] [ver: irse de boca]

**zumbando: tener zumbando**: to have (someone) hopping; to have (someone) stepping and fetching

# SECCIÓN ESPECIAL

UNTAR LA MANO

ÑATO

YUTA

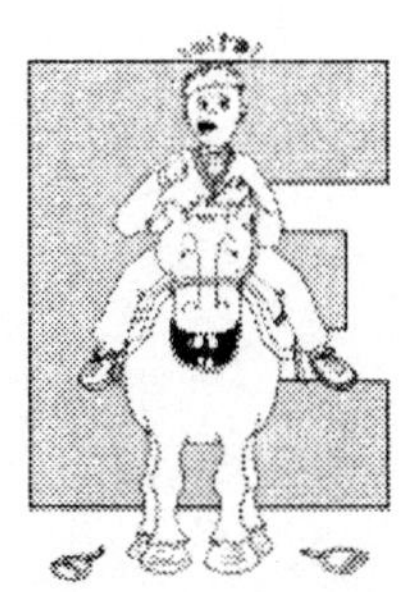

PERDER LOS ESTRIBOS

**ABOGADO**
ave negra; boga; buitre; buscapleitos; lavandero; manyapapeles

**ATTORNEY**
ambulance chaser; fixer; lip; mouthpiece; Philadelphia lawyer; shyster

---

**ABURRIDO**
bodrio; clavo; denso; embole; momia; momiada; moplo; mufado; opio; paquetazo; paquete; pesado; plomazo; plomo; queso

**BORING**
blah; boh-ring; dead; deadsville; drag; dragsville; dull as dishwater; dullsville; ho-hum; yawny

---

**ACOBARDARSE**
achicarse; apichonarse; arrugarse; irse al mazo; jabonearse

**TO BECOME FRIGHTENED**
to: back out; chicken out; get cold feet; lose one's nerve; turn chicken; turn yellow

**AFORTUNADO**
- ojetudo; suertudo; tarrudo
- tener (un): culo; ojete; orto; tacho; tarro
- tener: una cacerola; más culo que cabeza

**FORTUNATE**
- lucky; lucky bastard; lucky bitch; lucky fuck; lucky fucker
- lady luck is with [one]

---

**MAL AGÜERO**
fúlmine; mufa; semáforo; yeta; yetatore

**OMEN: BAD OMEN**
double whammy; hex; jinx; schlimazl; the Indian sign; triple whammy

---

**ALCOHOL, etc.**

**bebida**
- chupi; birra; champú; escabio; petróleo; querosén; tintillo

**beber**
- achisparse; adobarse; apedarse; chupar; empinar el codo; encoparse; encurdelarse; entonarse; macharse; mamarse; matar las penas; quitar las penas
- darle al: chupi; escabio; tinto

**bebedor**
- choborra; chupitegui; curda; curdela; curdelín; curdelón; manyacaña
- tener cultura alcohólica

**borracho**
- achispado; adobado; apedado; chupado; curda; en curda;

**ALCOHOL, etc.**

**drink**
- booze; brew; firewater; hooch; joy-juice; libation; moonshine; potion; spirits; white lightning
- dago wine; paint remover; panther piss

**to drink**
- to: bend one's elbow; booze it up; drink like a fish; drown one's sorrows; hit the bottle; take a nip; tank up
- to get: tight; tipsy; shit-faced; tanked

**drinker**
- boozehound; boozer; drunk; elbow bender; guzzler; lush; rumpot; sot; wino
- to: handle one's liquor; know how to handle one's liquor

**drunk**
on a binge; blotto; bombed; boozed; boozy; corked; drunker

encurdelado; en dope; en pedo; en pepe; entonado; escabiado; hecho; machado; mamado; más borracho que una cuba de roble; más borracho que una uva; quebrado
- tener: un felpudo; un peludo; una mamúa; una tranca

than a skunk; feeling no pain; half-crocked; half-lit; juiced; oiled; out of it; pickled; pie-eyed; plastered; ripped; shitfaced; smashed; stewed; tanked; three sheets to the wind; tight; tipsy

---

**ARMAS DE FUEGO**
bufosa; bufoso; cachila; chumbo; ferramentusa; ferretería; herramienta; matraca; rabiosa; seisluces; tartamuda

**FIREARMS**
cannon; equalizer; gat; heater; hogleg; iron; piece; persuader; rod; roscoe; Saturday night special; six-shooter

---

**ARROGANTE**
cajeta; cajetilla; cogotudo; copetudo; creído; echado para atrás; estirado; fifí; tirado para atrás

**ARROGANT**
chesty; cocky; hatty; high and mighty; snooty; stuck-up; too big for one´s britches; uppity

---

**ATREVIDO**
cachafaz; cara dura; cara rota; careta

**BRAZEN**
bold as brass; brass; cheek; cheeky; chutzpa; crust; gall; moxie; nerve

---

**AUTO**
bicho; carro; cuatro ruedas; máquina

**auto viejo**
albóndiga; batata; cachivache; cafetera; carrindanga; cascajo; catramina; cucaracha; fortacho; tacho

**auto veloz**
balazo; bólido; tuerca

**CAR**
buggy; chariot; wheels

**old car**
boiler; bucket of bolts; clunker; crate; jalopy; junker; rattletrap; wreck

**fast car**
bullet; hot rod; jet; zoom

**tener un accidente de auto**
- darse: un bollo; una piña; un tortazo
- hacer: bolsa; mierda; moco
- un toque

**to have a car accident**
to: have a fender–bender; pile up; rack up; smash up; total; trash; waste; wipe out

---

**BAJO (estatura)**
aquaman de inodoro; chaparrito; chichón del piso; corcho; leñador de bonsai; petiso; retacón; sopeti; tapón

**SHORT (stature)**
a little drink of water; half-pint; little squirt; peanut; peewee; pip-squeak; runt; sawed off runt; shorty; shrimp; squirt

---

**BISEXUAL**
- ambidiestro; atender los dos tubos; bi; binorma; la mira con cariño
- patear para los dos: arcos; lados

**BISEXUAL**
AC-DC; ambidextrous; bi; double–gaited

---

**CALLARSE**
- callarse la boca; cerrar el pico; cerrar la trucha; quedarse musa; quedarse muzarella
- vos, ni mu; vos, ni pío

**TO SHUT UP**
- to: button one's lip; button up; clam up; dummy up; keep one's mouth shut; keep one's trap shut; not let out a peep; not say boo; pipe down; rest one's jaw; shush; shut one's face; shut one's trap; stow it; zip one's lip
- can it; cork it; cut the chat; knock it off; not a peep; put a cork in it; stow it

---

**CAMA**
camasutra; catre; catrera; cucha; sábana blanca; sobre

**BED**
bunk; hay; rack; sack

**estar en la cama**
estar en la horizontal

**to be in bed**
to be in the sack

**irse a la cama**
- echar un torro
- irse: a atorrar; al cine de la sábana blanca; a torrar

**to go to bed**
- to: catch some z's; go beddy-bye
- to get some: beauty sleep; blanket drill; sack time; shut eye

---

**GRAN CANTIDAD**
- a: lo bruto; lo loco; lo tonto; pasto; patadas; rolete
- choclazo; choclo; chorizo; cualquier cantidad; millones; una bocha; un fangote; un montón; un montonazo; una montonera; una parva; una ponchada; una punta; un tocazo; un toco; una tracalada; un vagón
- tupido
- con la pala
- castigar duro; castigar lindo; darle duro; darle lindo

**A LARGE QUANTITY**
- a bunch; a bundle; a fistful; a heap; a helluva lot; all kinds of; a shithouse full; a shitload; a shitpot; a slew; a stack; bundles; gobs; hatfuls; heaps; loads; lots; oceans; oodles; piles; scads; slews; stacks; trainload; wads; zillions
- enough to choke a horse; more than one can shake a stick at

---

**CÁRCEL**
- alcancía; cafúa; cana; gayola; jaula; naca
- estar en la alcancía; morfarse una alcancía
- caer en cana; poner en cana
- ir en cana

**JAIL**
- big house; brig; cage; calaboose; calabozo; can; clink; clinker; cooler; hoosegow; icebox; joint; jug; lockup; pen; pokey; slammer; stir; tank
- to be locked up; put away; put on ice
- to get sent up the river
- to be put in the... **(or)** to go to the...: big house; brig; cage; calaboose; calabozo; can;

clink; clinker; cooler; hoosegow; icebox; joint; jug; lockup; pen; pokey; slammer; stir; tank

**CARO**
- afano; saladito; salado
- costar: un huevo; un huevo y la mitad del otro; un ojo de la cara;
- dar con un caño

**EXPENSIVE**
- costly; high-priced; rip off
- to cost: a pretty penny; an arm and a leg
- to set way back

**COMIDA**
comestible; lastre; manduque; manyada; manyatina; morfe; morfi; verdurita; vianda; vituallas

**FOOD**
chow; eats; grits; groceries; grub; nosebag; vittles

**CONFUNDIDO**
- agarrar para el lado de los tomates; tener un corso a contramano; tomar para el lado de los tomates
- tener un: bardo; mambo
- en pedo

**CONFUSED**
- in a fog; in a haze; mooning; moony; spaced; spaced out; spacey
- to not know which way's up
- screwed up

**COQUETEO SEXUAL**
- afilar; apretar; besuquearse; chapar; darse con todo; echar los galgos; franelear; transar
- a los besuqueos; a los chupones

**SEXUAL FLIRTATION**
- to: make out; play grab ass; put the make on; put the moves on; slap and tickle; suck face
- hanky–panky; lovey--dovey

**CRITICAR**
- brujear
- dar con un: caño; hacha; palo
- darle duro; darle lindo
- cuerear; cuerear a lonjas; despacharse

**CRITICIZE**
to: bad–mouth; burn; dig; dis; do a hatchet job on; jump down (someone's) throat; knock; lambaste; put down; ream out; run down; take a potshot at;

| | |
|---|---|
| • sacar: cagando; carpiendo; el cuero; a vender almanaques | trash |

| | |
|---|---|
| **EL CUERPO** | **THE BODY** |
| carrocería; chapa y pintura | bod; build; shape |
| **ano** | **anus** |
| • aro; culastro; culo; opertuso; orto; ortopédico; pertuso; popa; rosquete; siete; tujen; tujes; upite | • a-hole; ass; ass eye; asshole; bippy; brownie; bumhole; bunghole; butthole; poop chute; shitter |
| • donde no le da el sol | • where the sun doesn't shine |
| **boca** | **mouth** |
| bocaza; bocona; pico; trompa; trucha | chops; kisser; mug; trap; yap |
| **cabeza** | **head** |
| aceitosa; altillo; altiyo; azotea; baldosa; balero; bocha; bóveda; cabezón; calabaza; capocha; coco; cráneo; croqueta; cucuza; marote; mate; melón; pajarera; piojera; sabeca; sabiola; terraza; zabeca; zapallo | attic; bean; belfry; biscuit; block; brainbox; coco; coconut; dome; gourd; noggin; noodle; top story; upper story |
| **cara** | **face** |
| caripela; carucha; facha; jeta; trucha | beezer; clock; kisser; mug; puss |
| **cerebro** | **brain** |
| balazo; bocho; cabezón; fosforera; pensadora; sesera | brainpan |
| **corazón** | **heart** |
| bobo; cuore | pump; ticker |
| **dedos de la mano** | **fingers** |
| ganchos; garfios | claws; hooks |
| **dientes** | **teeth** |
| colmillos; comedero; comedor; perlas | china; choppers; eye teeth; fangs; grinders; ivories; pearlies; pearly whites; tusks |

**estómago**
buseca; buzarda; mondongaje; mondongo; mondonguera; zapán

**stomach**
beerbelly; belly; bread basket; gut; middle; pantry; tummy

**mano**
manopla

**hand**
bunch of fives; duke; mitt; paw; some skin

**nalga**
asentaderas; bombo; cola; culo; pan dulce; pandeiro; pandero; popa; tacho; tarro; trasero; traste

**buttock**
- ass; behind; bottom; bum; bun; buns; butt; buttocks; derriere; duff; fanny; heinie; hiney; keester; keister; popo; rump; tail; tush; wazoo; ying yang
- part that goes over the fence last

**nariz**
napia; naso; nazún; ñato; proa; sifón; toronja; trompa

**nose**
beak; beezer; honker; muzzle; nozzle; proboscis; pug-nose; schnozz; schnozzola; smeller; snoot; snout; snozzle; trumpet

**ojos**
carozos; claraboyas; faroles; persianas; ventanas

**eyes**
baby blues; lamps; peepers

**ombligo**
pupo

**navel**
belly button

**orejas**
antenas; pantallas; repollo

**ears**
antennas; cauliflower ears; dumbo; pretty ears

**pene**
abrelatas; bala; banana; belín; berenjena; bergamota; bicho; bizcocho; cabezón; chaucha; chorizo; choto; coquito; fideo; flauta; ganso; garcha; guasca; machete; morcilla; nabo; pedazo; pendorcho; pepino; pesheto; pija; pindonga; pingo;

**penis**
apparatus; banana; bayonet; bazooka; beef; bicho; bone; club; creamstick; cock; dick; ding–dong; doodle; dork; flute; hammer; hog; horn; hose; hunk of meat; joy stick; love–muscle; meat; member; middle leg; pecker; peter; pinga; pistol;

piola; pistola; pito; pomo; poronga; socotroco; toronja; tripa; trozo; verga

poker; pole; pork; prick; prong; pud; ramrod; rod; sausage; skin flute; sugar stick; third leg; tool; trouser snake; weiner; ying-yang

**pies**
empanadas; patas; quesos

**feet**
barkers; dogs; footsies; puppies; tootsies; trotters

**piernas**
gambas; jamones; macetas; paralelas; patas; tabas

**legs**
gams; hind legs; pegs; pins; shanks; sticks; stilts; thunder thighs; toothpicks; underpinnings; wheels

**senos**
balancines; compradas; gomas; limones; lolas; mellizos; melones; paragolpes; pechugas; siliconas; tetas; tetitas

**breasts**
bazongas; bazooms; boobies; boobs; bought boobs; bumpers; coconuts; falsies; foam rubber boobs; grapefruits; headlights; hooters; knockers; jugs; maracas; melons; pair; spotlights; tits; titties

**testículos**
aceitunas; bolas; bolivianas; cocos; coquitos; gemelos; guindas; higos; huevos; nísperos; pelotas; quimbos; quinotos

**testicles**
ballocks; balls; berries; cojones; diamonds; jingle–berries; nuts; rocks

**testículos & pene**
- aparato; atributos; bulto; parrilla
- bien armado; bien calzado; cargar bien

**testicles & penis**
- apparatus; balls & bat; basket; business; Dickie and the boys; equipment; family jewels; jewelry; meat and two vegetables
- hung like a: bull; horse; stallion; stud
- well equipped; well hung

**vagina**
agujero; argolla; argoya; cachucha; cachufleta; cajeta; concha; cotorra; nutria; vulva

**vagina**
beaver; booty; box; cake; crack; cunt; fur pie; hair pie; hole; honey pot; man–hole; nooky; pussy; slit; snatch; squirrel; tuna; twat; the y

---

**DAÑAR**
- estrolar
- hacer(se): bolsa; crema; moco; pomada; puré

**TO HARM; TO DO DAMAGE**
- to wreck

**for people:**
to make one feel real bad [psíquico]
to almost kill oneself [físico]

**for things:**
to total [vehículos]
to fall apart [aparatos]
to break into smithereens; to shatter [loza, etc.]

- hacer(se): bosta; mierda

**for people**:
to make one feel like shit [psíquico]
to damn near kill oneself [físico]

**for things:**
to fucking total [vehículos]
to fall fucking apart [aparatos]
to shatter all to shit; to break into a million fucking pieces [loza, etc.]

---

**DESENTENDIDO: HACERSE EL DESENTENDIDO**
hacerse el: boludo; chancho rengo; oso; sota

**TO FEIGN IGNORANCE**
to play: dumb; possum

---

**DINERO**
biyuya; chala; chauchas; chirola; cobre; divisas; gamba; gomán; guita; guitarra; luca;

**MONEY**
bread; buck; bundle; cabbage; dead presidents; dinero; dough; fin; five-spot; fiver; grand; gravy;

lucarda; mango; mangrullo; morlaco; mosca; mosqueta; palo; patacón; pierna; rupias; sope; tela; vento; ventolín; ventolina; verdes; verdolaga; vil metal

greenback; lettuce; loot; lucre; moolah; peanuts; sawbuck; smacker; ten-spot; tenner; wampun

**hacer mucho dinero**

cazar a cuatro manos; cazar guita con la pala; comer lindo; embolsar; forrarse; forrarse en guita; hacer su agosto; hacer guita con carretilla; hacer guita con la pala; llenarse

**to make a lot of money**

- to: clean up; feather one's nest, hit the jackpot;
- to make: a bundle; a killing; megabucks

**tener mucho dinero**

- tener: la guita loca; la mosca loca; la vaca atada; un tocazo; un toco; toda la torta
- estar cagado en guita; guitudo
- nacer en una cuna de oro; nadando en guita; no saber lo que uno tiene; ser el dueño del vellocino de oro

**to have a lot of money**

- to have big: bucks; money; ones
- to have: heavy money; important money; mucho dinero; nice piece of change
- to be: filthy fucking rich; filthy rich; rolling in dough; rolling in money; stinking rich
- to own: the golden calf; the goose that lays the golden eggs
- moneybags

**no tener dinero**

- contra las cuerdas; corto; cortina; cortado; fundido; justiniano; más seco que planta de soltero; pato; quebrado; seco; sin un mango; sin un puto mango; tirado
- en: bolainas; bolas; bolastras; la lleca; la lona; la malaria; la quiebra; la rama; las diez de última; pelotas

**to not have money**

- to be: broke; busted; cleaned out; dead broke; dirt poor; down and out; down for the count; financially embarrassed; flat broke; flat onone's ass; on the skids; piss-poor; stone broke; strapped; tapped; tapped out; wiped out
- to have the: shorts; tights

- correr la: coneja; liebre
- comerle los piojos; no darle el cuero; pasar hambre; pichulear el mango; pucherear
- no tener: ni cinco; ni cinco guitas; (ni) un peso partido por la mitad; ni un puto mango

- to not have: one dollar to rub against another; two dimes to rub together
- without a: penny to one's name; pot to piss in; red cent; thin dime

---

**DIRIGIRSE A PERSONAS**

**hombres y mujeres**

amor; bebé; che; cielo; corazón; dulce; fiera; gente; hombre; sol; vida

**hombres**

abuelo; boludo; capo; chabón; cofla; divino; dobolu; dogor; don; flaco; forro; gil; gilún; gordi; gordito; gordo; hermano; hijo; jovie; loco; negro; nene; nono; ñato; pebete; pelado; pendejo; petiso; pibe; pichón; purrete; querido; rubio; sopeti; tigre; tío; viejo

**mujeres**

abuela; boluda; divina; doña; flaca; forra; gila; gorda; gordita; hija; javie; linda; loca; negra; ñata; madre; madrecita; mujer; nena; niña; nona; pebeta; pendeja; petisa; piba; pibita; pichona; preciosa; princesa; purreta; querida; rubia; vieja

**TO ADDRESS SOMEONE**

**men and women**

babe; darling; dear; folks; fucker; honey; honeybun; sweetheart; sweeti; sweetiepie; you; you there

**men**

bro; big guy; bub; chum; dude; fart; fella; fuck; fucker; geezer; gramps; guy; hombre; Joe; lad; man; man–jack; old fart; old toot; pal; schmo; son–of–a–gun; sport; squirt; stiff; stud; sucker; sumbitch; toot

**women**

biddy; bimbo; broad; chick; doll; gal; girl; girlie; granny; kid; sis; sister; skirt; toots; woman

---

**DISCUTIR**

agarrárselas con; armar la bronca; camorrear; estar a las

**ARGUE**

to: bicker; get into a hassle; go at it; go toe to toe; hassle; have

agarradas; tener una agarrada; tomárselas con

a pissing contest; have a run–in; have it out; lock horns; mix it up; squabble; wrangle

**discutir nimiedades**

buscar el pelo al huevo; buscar pelos en la leche; buscar la quinta pata al gato; hilar fino

**to argue about trivia**

to nit–pick; to pick nits; to split hairs

---

**DISTINGUIDO**

bien; bienudo; caca; cajetilla; caquero; caté; cheto; chuchi; cogotudo; concheto; copetudo; fifí; finoli; jailaife; nariz parada; petitero; petrimetre; echado para atrás

**CLASSY**

chichi; fancy–schmancy; high–class; highfaluting; high–hat; high–rent; hoity–toity; la–de–da; luxo; plush; posh; red–carpet; ritzy; silk–stocking; snazzy; spiffy; swank; top-drawer; upscale

---

**DORMIR UNA SIESTA**

- hacer una: dormidita; siestita
- pegar un ojo

**TO TAKE A NAP**

- to catch: a couple of z's; 40 winks
- to take a (little) snooze

---

**DROGA**

bicho; falopa; frula; mambo; merca; pichicata; roca

**marihuana**

- yerba; yuyo; tuca
- aguja; caño; chala; faso; fumata; porro; rama; yon

**cocaína**

- blanca; blancanieves; brillo; canelón; cocó; combustible; merluza; nieve; pala; pasta; polvo blanco; raviol; talco

**DRUGS**

dope; fairy powder; goods; merchandise; mojo

**marijuana**

- buddah; fennel; grass; hemp; loco weed; Mary Jane; pot; rag weed; stinkweed; yerba; weed
- buddah stick; joint; reefer; roach

**cocaine**

- golden girl; nose powder; snow; white; White Christmas; white horse; white lady

| | |
|---|---|
| • línea; narigada | • line; snort |
| **drogadicto** | **drug addict** |
| cocainómano; coquero; falopero; pastillero; reventado | acidhead; channel swimmer; coke freak; cokehead; cokey; dope fiend; dopehead; druggie; drughead; flier; grasshead; grasshopper; hashhead; hophead; junkie; mainliner; narco; needle fiend; pillhead; pinhead; pothead; reefer; vein shooter; weedhead; zoner |
| **drogarse** | **to drug oneself** |
| • cascarse; colocarse; darse una seca; darse una pitada; doparse; fajarse; falopearse; fumarse; golpearse; jalarse; mambearse; mandarse un viaje; medicarse; nariguetearse; picarse; pichicatearse; quemar; tomar; viajar; volarse<br>• curtir un: malambo; un mambo<br>• darse: la biaba; una línea; un nariguetazo; | to: do; do drugs; do up; hit; hit up; hop up; jab; jab up; jack; jack up; laugh and scratch; mainline; pop; raise a welt; shoot; shoot up; slam; use |
| **drogado** | **drugged** |
| acelerado; cocainado; dado vuelta; dopado; duro; duro como una mesa; falopeado; fisurado; fumado; puesto | • blitzed; charged; charged up; coked; coked out; destroyed; doped; doped up; fired; flying; flying high; fried to the gills; full of junk; gassed; geared; geared up; geezed; geezed up; glazed; gone; hopped; hopped up; horsed; in orbit; in transit; junked; junked up; on a joy ride; poppied; potted; stoned; tripping; wasted; wigged out; wired; zoned; zoned out |

**vendedor de droga**
el que pasa la merca; narcotraficante; trafi; traficante; puntero

**drug dealer**
big man; broker; 'cainer; candy man; connection; cowboy; dope booster; dope peddler; dope runner; feed and grain man; fixer; good–time man; ice cream man; junk peddler; missionary; mother; ounce man; peddler; tambourine man; viper

**ELEGANTE**
canchero; chic; copetudo; facha; fachero; paquete; paquetería; pinta; pintón; pinturita; pintusa; pituco; pituquería

**ELEGANT**
chic; choice; fancy–schmancy; high–rent; high–toned; la–de–da; luxo; posh; plush; red–carpet; ritzy; select; snazzy; swanky

**ENAMORADO**
- metido; metejoneado; emberretinado; enconchado; enganchado; enamorado hasta las muelas; muy de novio
- tener un metejón

**ENAMORED**
- to be: head over heels in love; inluv; stuck on
- to have: a crush on; a thing for

**ENFERMO**
- sentirse: cachuzo; como la mierda; como si me hubiera pasado un carro por encima; clueco; enfermito; para el carajo
- dolerle: hasta la punta del dedo gordo; hasta las uñas; hasta los huesos; todo
- andar: jodido; medio medio

**SICK**
- to feel: blue around the gills; crummy; green around the gills; like a truck ran over one; lousy; shitty; sick as a dog; off one's feed; peaked; shaky; under the weather

**ENGAÑAR / MENTIR**

- bolacear; camelear; empaquetar; enganchar; enroscar la víbora; entongar; fumar en pipa; guitarrear; hacer el paquete; macanear; transar; versear
- vender: cualquier verdura; un buzón; un camelo

**TO DECEIVE / TO LIE**

- to: bamboozle; blow smoke; blow smoke up someone's ass; buffalo; diddle; fake out; fast talk; flimflam; give someone a line; hoodwink; hornswoggle; hustle; hype; jerk someone's chain; play for a sucker; rattle someone's chain; rope in; run a number (on); sell a bill of goods; snooker; snow–job; spoof; string along; sucker; throw a curve; use smoke and mirrors
- do a: number; a snow job
- to pull: a fast one; one's chain; one's leg; the wool over one's eyes
- to put: it over on; (someone) on; one over
- to take: for a ride; in

**engañador / mentiroso**
bolacero; camelero; guitarrero; versero

**deceiver / liar**
dipsy–doodler; fast-talker; flimflammer; hornswoggler; hustler; razzle–dazzler

**engaño / mentira**
balurdo; blef; bolazo; boleto; bosta; buzón; cacho de bosta; camelo; cuento; cuento chino; cuento del tío; espejos y piedras de colores; globo; grupo; manganeta; mentira piadosa; milanesa; tanga; tongo

**deception / lie**
cock–and–bull story; con; con game; dirty pool; fib; fish story; funny business; hanky–panky; monkey business; scam; shady business; smoke and mirrors; white lie

## ENOJO

**enojado**

- estar: brotado; cabrero; calentito; caliente; chinchudo; embroncado; enchinchado; enculado; engranado; estrilado; estufado; mufado; patiyudo; retobado; revirado; rojo de rabia; sacado; verde de bronca
- estar con: bronquitis; luna; toda la mostaza; una bronca; una chinche; (una) mufa; una vena; un chivo; un encule; un estrilo; un revire; un reviro
- pescarse: una bronca; una chinche; una mufa; una vena; un chivo; un encule
- tener: bronquitis; luna; toda la mostaza; unabronca; una chinche; (una) mufa; una vena; un chivo; un encule; un estrilo; un raye; un revire; un reviro
- dar en el forro; dar en el quinto forro; perder los estribos
- tener montado en: la nariz; un huevo; un ovario

**enojar**

dar bronca; embolar; enervar[1]; engranar; sacar; sacar de las casillas; sacar de quicio

[1]El significado de esta palabra es; según el diccionario; debilitar; sin embargo; su uso difundido en la jerga porteña como sinónimo de enojar amerita su inclusión.

## ANGER

**angry**

to be: bent out of shape; boiling; boiling mad; burned up; chapped; cranky; fighting mad; fit to be tied; hopping mad; hot; hot under the collar; huffy; in a stew; lathered; livid; mad as a hornet; mad as a wet hen; miffed; peeved; pissed off; p o'd; riled; riled up; seething; steamed; teed off; ticked off; torqued

**to anger**

- to: burn; burn up; chap; chap one's ass; fucking piss off; get on one's nerves; grate; grate on one's nerves; piss off; tick off
- to make: fighting mad; mad as a hornet; mad as a wet hen

**enojarse**
agarrarse una moto; brotarse; cabrearse; emberretinarse; embroncarse; encularse; engranarse; estrilarse; mufarse; pirarse; retobarse; revirarse; saltarle la térmica; tener una rabieta; tener un berrinche

**to get angry**
- to: flip out; get bent out of shape; fly off the handle; lose it; lose one's cool
- to be in a: huff; lather; tizzy
- to have a: catfit; conniption fit; cow; duckfit; fit; hemorrhage; horse; shitfit
- to pitch a: catfit; conniption fit; duckfit; fit; shitfit

**EN VANO**
- al: cohete; cuete como bocina de avión; divino botón; dope; pedo; pedo como cenicero de moto
- de balde

**IN VAIN**
- for nothing; for naught; for shit
- like: baying at the moon; carrying coals to Newcastle; casting pearls before swine; shouting into the wind; spraying perfume on shit

**ESFORZARSE**
- calentarse; gastarse; matarse; pegarle duro; pegarle lindo; trabajarse todo; transpirar la camiseta; transpirar la gota gorda
- romperse el: alma; culo; lomo; orto; tujes

**TO TRY HARD**
- to: bend over backwards; break one's neck; buckle down; give it one's best; make a full–court press; put one's back into it; suck it up; sweat blood
- to go: for all the marbles; for broke; out of one's way; the extra mile; the limit; the whole nine yards
- to bust one's: balls; buns; butt; chops; hump; sweet ass

**ESTIMACIÓN**
- a: grosso modo; ojo de buen cubero
- al: boleo; tanteo; tuntún

**ESTIMATE**
ball park figure; guestimate; rough idea

| | |
|---|---|
| **ESTROPEAR** | **TO RUIN** |
| • embarrar la cancha; enchastrar; pifiar<br>• hacer: una cagada; una macana; un barro | to: blow; bollix; bugger; foul up; fuck up; goof up; jimmy up; louse up; make a mess of; mess up; muck up; screw up; snarl up |
| **EXCELENTE** | **EXCELLENT** |
| • al pelo; bárbaro; buenísimo; chiche bombón; descojonante; despelote; despiporre; diez puntos; espectacular; fantástico; fuera de serie; genial; grande; joya; lo más; macanudo; masa; perfecto; pipí cucú; polenta; posta; pulenta; rebueno; recopado; regio; soberbio; súper; un kilo; un lujo; viento en popa<br>• matar diez mil; matar mil<br>• de: aquéllos; die; diez; la gran puta; la gran siete; la madona; mil maravillas; perillas; la puta madre; novela; prima; primera<br>• señor; señora | A-1; A-OK; awesome; bad; baddest; the berries; bitchen; blue–chip; cool; deadly; fab; fantabulous; far out; fiendish; fierce; four–o; fine; funky; groovy; heavy; hellacious; hot; immense; intense; killer; mean; nasty; neat; nifty; not too shabby; out of sight; out of this world; peachy–keen; poifect; perfecto; slick; some kind of...; something else; spiffy; super; super fine; sweet; terrific; the greatest; the most; the mostest; the ticket; too much; top–drawer; top–notch; vicious; with the wind in our sails; yummy |
| **EXCLAMACIONES** | **EXCLAMATIONS** |
| • alalá; caramba; carambola; carancho; epa; por favor | • ay caramba; gee;shoot; yikes<br>• holy: cats; cow; mackerel; smokes<br>• no shit; you wouldn't shit me |
| • carajo; mierda; pindonga; puta; puta madre<br>• a la: gran flauta; gran siete; perinola; marosca; pucha | • boy; for Pete's sake; for crying out loud; jeez; man; man alive; |
| • a la: gran puta; mierda; puta | • holy hell; shee–it; shit |

- la: gran siete; pucha; punta del obelisco; república
- la: concha de la lora; puta que lo parió; reputa madre
- que lo reparió; que lo parió
- que lo partió; que lo repartió

- for: crying out loud; the love of Mike; the love of Pete
- I'll be: a son of a bitch; damned
- leaping lizards; man alive; well
- I'll be: a monkey's uncle; a son of a gun; danged; darned; hanged

- Ave María purísima; Dios mío; Dios nos libre; Dios y la virgen; por Dio; por Dios; virgen santa

- bless my soul; Chrisakes; Christ Almighty; for heaven's sake; God Almighty; holy Moses; Jesus H. Christ; my God; ye gods

- no; no me digas; no te lo puedo creer; oia; oidió; uau

- boy-howdy; by golly; I can hardly believe my ears; I can hardly believe my eyes; no jive; no kidding; you don't say

---

**EXHAUSTO**

- destruido; filtrado; fisurado; fulminado; fundido; fusilado; hecho mierda; muerto; palmado; pinchado; planchado; tirado
- venir con el caballo cansado

**EXHAUSTED**

all in; all shot; beat; bone–tired; bushed; dead; dead on one's feet; dog–tired; done in; had it; one's ass is dragging; played out; plumb tuckered; pooped; pooped out; punch drunk; ready to drop; run ragged; shot; tapped; tapped out; too pooped to pop; tuckered; tuckered out; wasted; wiped out; worn to a frazzle

---

**FÁCIL**

boludez; facilongo; moco de pavo; pan comido; papa; paponia; pavada; pelotudez; sencillito y de alpargatas

**EASY**

- a snap; duck soup; no sweat; piece of cake; simple as ABC; turkey shoot
- easy as: can be; pie

• like: falling off a log; shooting fish in a barrel; stealing candy from a baby

**FASTIDIOSO / MOLESTO**
• jeringa
• hinchabolas; hinchaguindas; hinchahuevos; hinchapelotas
• rompebolas; rompeguindas; rompehuevos; rompepelotas

**ANNOYING / VEXING**
ball–buster; ball–wracker; bonebreaker; bitch–kitty; nut–cruncher; pisser

**FIESTA**
asalto; bailongo; conga; festichola; milonga; pachanga

**PARTY**
bash; fiesta; hoedown; shindig; wingding

**FISIOLOGÍA**

**defecar**
• cagar; echarse un cago
• hacer: caca; número dos; popó

**materia fecal**
caca; mierda; palomitas; popó; sorete; tereso; torta

**diarrea**
cagadera; corredera

**flatulencia**
• cohete; gas; gasecito; pedazo; pedo; pete

**tener flatulencia**
• echarse un: cohete; flor de cohete; flor de pedo; gas; gasecito; pedo
• pero, ¿te comiste a Gardel?

**BODILY FUNCTIONS**

**to defecate**
• to: crap; do a number two; grunt; have a B.M.; lay a log; poop; shit; take a crap; take a dump

**fecal matter**
caca; log; loaf; turd; shit

**diarrhea**
Montezuma's revenge; the quickstep; the runs; the shits; the trots; turista

**flatulence**
• fart; gas; L.B.H. [loud but harmless]; toot; S.B.D. [silent but deadly]

**to be flatulent**
• to: break wind; fart; let one rip; pass gas; toot
• to cut: a fart; the cheese

• pedorrearse

**ir al baño**
• ir al: ñoba; toilette
• hacer una parada técnica

**to go to the restroom**
• to go to the: can; head; john; ladies's room
• to: make a pit stop; powder one's nose

**menstruar**
• estar: en uno de esos días; indispuesta; sonada
• estar con: el asunto; el período; la colorada; la menstru; la pelirroja; la regla; la visita
• me vino; me vino Andrés, el que viene una vez por mes; vino la tía

**to menstruate**
• to: be on the rag; be that time of the month; get the curse; have a visitor; have one's curse
• Aunt Flo's here; the red flag's up; the Red Sea's in

**orinar**
• cambiar el agua a las aceitunas; echarse un cloro; echarse un meo; mear; pishar
• hacer: pipí; número uno; pis

**to urinate**
to: bleed the lizard; do a number one; piss; take a leak; take a piss; tinkle; wee; whizz

**tener un orgasmo**
acabar; llegar

**to have an orgasm**
to: come; shoot one's wad

**vomitar**
• caldear; devolver; lanzar; largar los chivos; largar todo; vomitarse la vida; vomitarse todo
• echarse un: caldo; paty; vómito

**to vomit**
• to: barf; heave; puke; retch; throw up; upchuck
• to: be sick; pray to the porcelain god; toss one's cookies

---

**FORNICAR**
atracar; bajar la caña; bombear; clavar; coger; culear; curtir; darle; echar un polvo; echarse fierazo; encamarse; enchufar; enterrar la batata; entregar el rosquete; estrangular; fifar;

**TO FORNICATE**
to: ball; bang; bonk; bump and grind; fuck; diddle; do it; get a quickie; get into (someone's) drawers; get laid; get some pussy; go to bed with; hide the weenie; hop in the sack; hump;

garchar; hacer foque; irse al telo; mojar el bizcocho; mojar la chaucha; pasar al cuarto; pinchar; remachar los cataplines; revolcarse; tragar; transar; trincar; vacunar; voltear

jump (someone's) bones; lay; roll in the hay; score; screw; sleep with

---

**FRACASAR**

**para cosas:**

- pincharse
- ir: al bombo; a la mierda; al tacho; contra las cuerdas
- todo para atrás; va para atrás (en quinta; en automático; en rollers)

**para personas:**

- ir: al bombo; a la mierda; al tacho; contra las cuerdas
- todo para atrás; va para atrás (en quinta; en automático; en rollers)

**TO FAIL**

**for things:**

- to bomb; flop
- to: crash and burn; go belly up; go down in flames; go south; go toes up; melt down; shut down; tap out; wash out

**for people:**

to: fall flat on one's ass; fall flat on one's face; go down for the count; lay an egg; not fly; tap out; wash out

---

**FRENAR UNA SITUACIÓN**

parar: la mano; máquina; la moto; la pelota; las rotativas

**TO STOP A SITUATION**

- to: hold on; hold one's horses; hold on there
- whoa

---

**HACE ...**

- añares; un siglo
- pilas; un montón; una montonera; un pedazo; una ponchada; una punta; un tocazo; un toco

**IT'S BEEN...**

a blue moon; a coon's age; a month of Sundays; since God knows when; since Hec was a pup; since Hector was a pup

| | |
|---|---|
| **HACER NADA** | **TO DO NOTHING** |
| • bartolear; boludear; huevear; pelandrunear; tirarse a chanta; tirarse a muerto<br>• hacer: fiaca; huevo; sebo; un carajo<br>• rascarse: el higo; las bolas; las guindas | to: bum around; dick around; diddle; fart around; fiddlefart around; fool around; fuck around; fuck off; goof around; goof off; hang around; hang out; horse around; kick around; knock around; laze around; putz around; screw around; sit around; sit on one's ass; smoke and joke |
| **HAMBRE: TENER HAMBRE** | **TO BE HUNGRY** |
| ambrosio; famélico; malsopeado; morirse de hambre; picar el bagre; ragú | dying of starvation; famished; hungry enough to eat a cow; hungry enough to eat a horse; peckish; starved; starving |
| **HOMBRE** | **MAN** |
| boludo; chabón; chochamu; choma; cristiano; dobolu; dogor; flaco; forro; gordo; jovie; macho; mono; morocho; negro; ñato; pebete; pendejo; pendex; petiso; pibe; pichón; punto; purrete; quía; sopeti; tío; tipo; viejo | bloke; bud; buddy; cat; chap; clown; dude; fart; fucker; hombre; Joe; lad; old fart; old man; old toot; piece of shit; schmo; shit; squirt; stiff; stud; sucker; sumbitch; toot |
| **HOMOSEXUAL** | **HOMOSEXUAL** |
| **hombre** | **man** |
| • amanerado; atiende el otro tubo; bala; balazo; balín; brisco; bufarra; bufarrón; buzón; cangrejo; se come la masita; comilón; comipini; fifí; manflora; marchatrás; maricón; mariconazo; mascafrecho; ministro; mino; | capon; come–queen; eater; fag; faggot; fairy; femme; flaming asshole; flute; gay; home–boy; homo; limp–wristed; maricon; piccolo player; pink; queen; queer; skin–diver; swish; three–letter man |

| | |
|---|---|
| morfeta; morfón;<br>nueve y cuarto; pulastro;<br>putarraco; putazo; puto; raro;<br>rebala; se traga la bala; se<br>traga el balín; tragasables;<br>trolazo; trolo | |
| • transformista | • drag queen |
| **mujer**<br>bombera; lesbi; macho; torta;<br>torti; tortillera; trola; trolaza | **woman**<br>bull dyke; butch; dyke; lesbo;<br>lez; lezzie; lizzy; man; top<br>sergeant |
| **HOTEL POR HORAS**<br>albergue transitorio; alojamiento;<br>amueblado; casa de citas; telo | **BY–THE–HOUR HOTEL**<br>cathouse; flophouse |
| **INFERIOR**<br>• de: centésima; cuarta; décima;<br>lo peor; terror; última<br>• lo menos | **INFERIOR**<br>crappy; cruddy; crummy; for the<br>birds; godawful; lousy; low–rent;<br>no–account; shitty; the pits;<br>yucky |
| **INFORMADO**<br>estar en: el ruido; la movida; la<br>onda; la pomada | **INFORMED**<br>to be: au courant; au fait;<br>conversant; in the know; in the<br>loop |
| **INFORMANTE** [de secretos]<br>alcahuete; alcaucil; batidor;<br>batilana; batistela; batistín;<br>batitú; bocina; bocón; botón;<br>buchón; correveidile;<br>manyaoreja; olfa; oreja; ortiba | **INFORMANT** [of secrets]<br>canary; finger; fink; nightingale;<br>rat; snitch; squealer; stool; stool<br>pigeon; stoolie; tattler; tipster;<br>weasel; whistle–blower |

**INFORMAR** [secretos]
alcahuetear; batir; batir la cana; bocinar; botonear; buchonear; dar nombres; pasar la servilleta

**TO INFORM** [secrets]
to: fink; rat; snitch; squeal; tip off

**INMEDIATAMENTE**
ahí; ahí, no más; al taco; al toque; al vuelo; de movida; en menos de lo que canta un gallo; en un abrir y cerrar de ojos; ya

**IMMEDIATELY**
ASAP [as soon as possible]; chop–chop; double–quick; hubba–hubba; immediately if not sooner; in a nanosecond; in nothing flat; lickitysplit; PDQ [pretty darned (or: damned) quick]; post haste; on the fly; pronto

**INSULTS**
- andá a: cagar; freír churros; la mierda; la concha de la lora; la concha de tu hermana; la concha de tu madre; la conchinchina; la puta madre que te parió; lavar los platos; que te garúe finito
- andate a: la mierda; la puta madre que te parió; la reputísima madre que te parió
- andá al: carajo; demonio; diablo; infierno
- metételo en: donde no te da el sol; el culo; el orto

**INSULTS**
- fuck: off; you; you and the horse you rode in on
- go fuck: a duck; yourself; off
- go: climb a tree; fly a kite; fry and egg; screw yourself; shit in your hat; suck eggs; to hell
- bite me; bite my ass; drop dead; eat my shorts; eat shit; get lost; kiss my ass; piss on you; screw you; shit on you; shove it; take a flying fuck; up your ass; up yours; you know what you can do with it; you know where you can stick it
- stick: it; it in your ear; it up your ass; it where the sun doesn't shine

- basura; bosta; desgraciado; forrazo; forro; forro de mierda; garcha; guacho; guacho de

- A–hole; asshole; bastard; birdturd; cocksucker; cunt; cuntface; cunthead; dick;

mierda; gusano; gusano de mierda; h. de p.; hijo de puta; hijo de mil putas; hijo de su madre; mal bicho; mal nacido; mal parido; mierda; mierda de persona; porquería de persona

dickhead; dipshit; dipstick; dirtbag; dirty rat; fink; four–letter man; fuck; fucker; fuckhead; horse's ass; jerk; junkyard dog; louse; motherfucker; piece of shit; pigfucker; pissant; prick; scumbag; scuzzbag; scuzzo; shit; shitass; shithead; shithole; skunk; sleazebag; S.O.B.; sun of a bitch; sumbitch; turd

- basurear; carajear; putear; putear de arriba abajo; rajar una puteada

- to: cuss; cuss out
- to tell (someone) to: eat shit; fuck off; go fuck a duck; go to hell; stick it in their ear; suck eggs

---

**INTELIGENTE**
- avión; bobina; bocho; cráneo; piola; rapidísimo; rápido; rápido para los mandados; rayo laser; vivo
- con todas las luces
- fuma bajo el agua

**INTELLIGENT**
- brain; fast; fast on the uptake; on the ball; quick–witted; savvy;
- to have: gray matter; know–how; moxie; the stuff; what it takes

---

**JEFE**
capanga; capo; capo di tutti i capi; caporale; director de orquesta; el que corta el bacalao; gran jefe; mandamás; mandatutti; número uno; patrón; pope; rey del mambo; trompa

**BOSS**
- big: bug; cheese; enchilada; shot; timer
- biggie; boss man; chief cook and bottle–washer; head honcho; his nibs; muckety–muck; the Man; the numero uno; top banana; top brass

---

**LADRÓN**
arrebatador; atracador; carterista; chorro; descuidista;

**THIEF**
cat burglar; five fingers; grifter; heist man; hijacker; holdup man;

hombre araña; escrushante; pirata; pirata del asfalto; pistola; punga; punguista; quequero; ratero

mugger; petty thief; pickpocket; purse–snatcher; second–story man; shoplifter; small–time thief

**LIDERAR / MANEJAR**
bajar línea; dirigir la batuta; estar a la cabeza de; llevar la batuta; llevar los pantalones; tener la manija; tener la sartén por el mango

**TO LEAD / TO MANAGE**
to: be at the helm; be in the driver's seat; call the shots; crack the whip; handle the reins; have the last word; have the say–so; head up; mastermind; rule the roost; run; tell someone how the cow ate the cabbage; wear the pants

**LOCO**
chapa; chapita; chiflado; colibriyo; colifato; cromado; de la cabeza; de la gorra; de la nuca; del coco; del gorro; del tomate; le sopla el moño; locatelli; loco de atar; loco lindo; más loco que una cabra; piantado; pirado; rayado; rechiflado; recucú; reloco; retornado; reventado; revirado; sonado; tocado; volado

- faltarle un: plumero; tornillo
- tener un: corso a contramano; mambo; raye
- escapársele algunos patitos de la fila

**CRAZY**
bananas; bonkers; cracked; crazo; dingy; flipped; gone; mad as a hatter; meshuga; nuts; out to lunch; spacey; touched; touched in the head; whacko; wacky

- off one's: nut; rocker; trolley
- out of: it; one's head; one's mind; skull; tree
- to: be fit to be tied; be missing a few marbles; have a screw loose; not cook on all four burners; not have both oars in the water; not play with a full deck
- to be a: basket case; crackpot; ding–a–ling; flake; fruitcake; space cadet; kook

**MAL MOMENTO [PASAR UN]**
- irle para: el carajo; el culo; la mierda; la mona; el orto
- irle como: el carajo; el culo; la mierda; la mona; el orto
- todo mal; estar en el horno; para atrás

**TO FALL ONTO HARD TIMES**
- to go like: hell; shit; the devil
- to go to: the dogs; wrack and ruin

**MASTURBARSE**
- cascarse; echarse una paja; pajearse
- hacerse la: del mono; manuela; paja; puñeta

**TO MASTURBATE**
- to beat: off; one's meat
- to: get off; give oneself a hand job; jack off; jerk off; rub off; whack off

**MATAR**
- achurar; acogotar; bajar; bajar a balazo limpio; boletear; limpiar; liquidar; masacrar; palmar; pinchar; quemar; reventar; reventar como un sapo; sonar
- hacer: boleta; bolsa; bosta; cagar; humo

**TO KILL**
to: blow away; blow someone's brains out; bump off; burn; do away with; gun down; ice; knock off; liquidate; put on ice; rub out; smoke; snuff out; take out; waste; wipe out

**MOFARSE**
cargar; chucear; gastar; pasear; sobrar; tomar el pelo

**TO MOCK**
to: josh; kid; pull one's leg; put on; rib; take for a ride

**MOLESTAR**
- hinchar; jorobar
- hinchar / romper las: bolas; guindas; pelotas
- joder

**TO BOTHER**
- to: be in one's face; be on one's back; be one one's case; break chops; bug; egg on; jerk one's chain; push one's button; shag; yank one's chain
- to: bust balls; gripe one's ass;
- to: fuck (one around); give the shaft; screw (over)

**MONGO**
Juan de los Palotes; Magoya; Mongo Aurelio; Mongo Picho; Montoto; Pirulo

**WHOEVER**
Joe Blow; John Doe; John Q. Citizen

---

**MORIR**
cagar fuego; crepar; dar el último suspiro; dar las hurras; entregar el rosquete; espichar; estirar la pata; finar; palmar; pasar al otro lado; pasar a mejor vida; quedar frito; quedar seco; reventar; reventar como un sapo; sonar; sonar como arpa vieja

**TO DIE**
- to: bite the dust; bow out; breathe one's last; buy it; buy the farm; cash in one's chips; check out; croak; exit; give up the ghost; kick the bucket; pass away; pass on; pop off; push up daisies; shit fire; turn up one's toes
- to go: belly up; home feet first; home in a box; to glory; toes (up)

---

**MUERTO**
espichado; fiambre; finado; mortadela

**DEAD PERSON**
cold meat; crowbait; dead meat; dearly departed; goner; stiff

---

**MUJER**
borrega; chica; fémina; flaca; gorda; javie; mina; morocha; naifa; negra; nena; patrona; pebeta; pendeja; pendex; percanta; piba; pichona; princesa; puta; putita; rubia; señora; vieja

**WOMAN**
babe; biddy; bimbo; broad; chick; doll; female person; gal; girl; girlie; kid; old woman; skirt; tootsie; woman

---

**MUJERIEGO**
baboso; Casanova; Don Juan; flirteador; lancero; levantaminas; minetero; padrillo; picaflor; piropeador; progra-mero; transero; viejo verde

**WOMANIZER**
Casanova; Don Juan; ladies's man; lady–killer; masher; operator; Romeo; skirt–chaser; stud; tomcat; woman–chaser

**NADA**

- no cazar / no decir / no entender / no hacer / no importar / no saber: un carajo; un carajo de nada; un corno; un cuerno; un cuero; nada de nada; nada a la ene; naranja; ni medio; ni pepa; un pepino; una mierda; un pito; un pito a la vela; un pomo; un soto
- estar: colgado de la palmera; en bolas

**NOTHING**

- to not do: beans; diddly; a damn; fuck; jack–shit; shit; squat; zip
- to not give: a damn; a fuck; a hill of beans; a hoot; a hoot in hell; a rat's ass; a shit; diddly; jack–shit; nada; squat
- to not know: a damn; beans; diddly; fuck; squat
- to not say / understand: a damn; beans; diddly; fuck; jack–shit; nada; squat

**NEGOCIO TURBIO**

- arreglo; betún; coima; cometa; coimisión; curro; diego; mordida; negociado; retorno; tanga; tongo; tragada
- ablandar; aceitar; adornar; coimear; untar
- lavar dinero
- coimero; cometero; estar en la trenza; estar prendido

**DIRTY BUSINESS**

- bribe; kickback; pay off; payola; scam
- to: buy; buy off; cross (someone's) palm; fix; grease (someone's) palm; lubricate; oil (someone's) palm; soften; soften up; sweeten
- to: launder money; money launder; spin dry
- to be on the take

**NIÑO**

borrego; botija; chango; changuito; chiquilín; gurí; mocoso; pebete; pendejo; pendex; pibe; purrete

**CHILD**

blister; bud; chickabiddy; curtain climber; holy terror; imp; kid; kiddo; legbiter; little monkey; moppet; munchkin; nipper; rug rat; pup; puppy; shaver; squirt; youngster

**NO / DE NINGUNA MANERA**

- ni: ahí; disfrazado de mono; ebrio ni dormido; en chiste; en

**NO / ABSOLUTELY NOT**

- a nun's chance in a whorehouse; a snowball's

pedo; loco; mamado; por las tapas; por puta; por todo el oro en el mundo; que me vista de mono; que me paguen un palo verde
• negativo; nones

chance in hell; catzo; fat chance; fat fucking chance; my ass; my eye; negative; nix; nothing doing; uh uh
• not: by a long shot; on your life; for all the tea in China;
• there's no: way; fucking way; way in hell
• I'll be: damned if; darned if; fucked if
• in a pig's: ass; ear; eye
• like: fun; hell; shit
• no: deal; dice; go; how; sale; sirree; soap; way; way José

**NO IMPORTAR**
• nefregarle
• importarle un: belín; corno; cuerno; pedo; pepino; pomo

**TO NOT CARE**
to (not) give / care a: flip; flying fuck; fuck; rat's ass; rip; shit

**NOVIO/A**
candidato/a; cortejante; festejante; festejito/a; filito; filo; media naranja; pareja; partido; peor es nada

**BOYFRIEND / GIRLFRIEND**
ball and chain; better half; date; fiancé; significant other; sweetheart; honey

**OBSECUENTE**
chupaculos; chupamedias; lameculos; manyaoreja; olfa; oreja; orejero

**OBEDIENT**
apple polisher; asslicker; bootlicker; brown noser; Charlie McCarthy; easy rider; kiss–ass; spaniel; toadeater; toady; yes–man

**OBSTINADO**
cabeza; cabeza dura; cabezón; mula; quedarse en sus cuarenta; seguidor como perro de sulky; testún; vasco

**OBSTINATE**
bullheaded; hardheaded; mulish; pigheaded; set in one's ways; stubborn as a mule

**ORDINARIO**
berreta; bisagra; chongo; choto; garcha; garompa; grasa; groncho; mersa; morondanga; sagra; trucho

**COMMON**
brassy; cheapie; cheapo; cheapshit; chintzy; dime–a–dozen; dimestore; five–and–dime; junk; tacky; tatty; trashy; two–bit

---

**PAGAR**
garpar; gatillar; poner; ponerse; poniendo; poniendo estaba la gansa; romper el chanchito

**TO PAY**
to: ante up; come across with; cough over; cough up; dish up; fork out; fork over; plank down; plunk down; shell out

---

**PARTIR**
- picárselas; tomárselas
- tomarse: el buque; las de Villa Diego; el palo; el piro; el piróscafo

**TO LEAVE**
- to blow this: joint; town
- to hit the: road; trail
- to: scram; split

---

**PEGAR**
- abiabar; acogotar; acostar; amasijar; atracar; cascar; escrachar; estrolar; fajar; felpear; furcar; leñar; llenar de dedos; ligar; reventar; sentar; sopapear; surtir
- acomodar / embocar / encajar: una biaba; una bofetada; una cachetada; un amasijo; una ñapi; una piña; un bife; un bollo; un castañazo; un cazote; un chirlo; un coscorrón; un fierrazo; un mamporro; un ñoqui; un piñazo; un socotroco; un ortazo
- dar: leña; una biaba; un pesto;

**TO STRIKE**
- to: beat to a pulp; bust (someone's) chops; clean up the floor with; clobber; cream; dust off; eat for breakfast; have for lunch; knock out flat; lather; make hamburger meat of; massacre; mop up; mop up the floor with; paste; punch out; shellac; schmear; snuff out; sock; stomp; thump; wallop; whack; whop; whup; wipe out; wipe up the floor with; wollop; work over
- to beat the: bejesus out of; daylights out of; hell out of; living shit out of; shit out of; socks off; stuffing out of; the

una salsa
• hacer: mierda; moco; pomada; ver las estrellas

tar out of
• to knock: someone's block off; for a loop; someone into the middle of next week; the daylights out of

**PELEA**
camorra; galleta; gresca; la de San Quintín; trenza

**FIGHT**
brawl; dogfight; donnybrook; fracas; free–for–all; knock–down–drag–out; melee; mix–up; row; ruckus; rumble; run–in; scrap; scuffle; set–to; tussle

**PERJUDICAR**
acostar; cagar; caminar; clavar; engrampar; empernar; empomar; dormir; escrachar; garcar; mandar al degüello; tragar

**TO ADVERSELY AFFECT**
to: diddle; fuck over; pull shit on; screw over; shaft; shit all over; shit on; stiff

**PERSONAS** [aspectos físicos]
**hombres y mujeres**
• **negativo**
bagayo; bofe; cachetada en la retina; cuco; culo; escracho; esperpento; feto; fulero/a; más feo/a que pisar un sorete descalzo/a; sorete

• **positivo**
churrasco; churro; estar para el crimen; facha; fachero/a; fiesta para los ojos; fuerte; papa; pinta; refuerte; rebueno/a
• estar bueno/a para darle, para que tenga, para que guarde y para que reparta

**PEOPLE** [physical attributes]
**men and women**
• **negative**
bad case of the uglies; beaten with an ugly stick; butt–ugly; face only a mother could love; face that would crack a mirror; hard on the eyes; hatchet–face; homely; troll; ugly as sin
• **positive**
built like a brick shithouse; dreamboat; drop–dead gorgeous; easy on the eyes; good–looking; knock–out; looker

**hombres**

- **negativo**
  gorila; mono; ogro; orangután; parece que recién bajó de los árboles
- **positivo**
  fachero; morrocotudo; papito; pintón; potro; urso

**mujeres**

- **negativo**
  bacalao; bagre; bicho; chobi; floro; loro barranquero; grisín
- **positivo**
  avión; bestia; biscuit; bomba; breva; budín; budinazo; camión; carrocería; churrasco; diosa; esa mina no puede ser; gata; leona; máquina; minón; mona; monísima; papusa; potra; rica; riquísima; Scania 2000; tiene de todo como parque de diversiones; vagón; yegua

**men**

- **negative**
  ape; gorilla; monster; Quasimodo
- **positive**
  Adonis; beefcake; Greek god; hunk; macho

**women**

- **negative**
  dog; hag; scarecrow; skinny Minnie
- **positive**
  beauty; dish; doll; fox; goddess; nice bones; raving beauty; stunner; tomato

---

**POLICÍA**

botón; cana; chafe; chaferola; chafo; naca; poli; yuta; zorro; zorro gris

**POLICE**

cop; copper; finest; flatfoot; fuzz; gumshoe; the law; the man; narc; narco; oink; pig; Smokey the Bear

---

**POSIBILIDAD REMOTA**

año verde; cuando las ranas críen pelos; cuando las vacas vuelen; el año del pedo; el día del arquero

**REMOTE POSSIBILITY**

fat chance; when Christmas comes in July; when hell freezes over; when pigs fly

**DE PRINCIPIO A FIN**
de: cabo a rabo; pe a pa; pies a cabeza; punta a punta

**FROM BEGINNING TO END**
lock, stock, and barrel; the kit and caboodle; the shebang, the shooting match, the whole bag of tricks; the whole ball of wax; the whole enchilada; the whole nine yards; the whole schmear

---

**RESTAR PRIORIDAD**
archivarlo por el momento; cajonear; dejarlo en el tintero; dejarlo en veremos; poner en el archivo; poner en el freezer

**TO GIVE LESS IMPORTANCE**
to backburner; to put on the back burner; to put on ice

---

**RETAR**
bajar la caña; cafetear; cantar las cuarenta; cantar las cuatro frescas; cagar a gritos; cagar a pedos; dar con un hacha; dar un café; despacharse; levantar en peso; pasar el cepillo; pegar un levante; poner en línea; poner en vereda; tirar la bronca

**TO REPROVE / TO SCOLD**
to: call down; call on the carpet; chew out; dress down; give grief; jump down (someone's) throat; let have it; rake over the coals; read the riot act; ream out; tell off; trash

---

**ROBAR**
afanar; anafar; atracar; chafar; chantear; chiviar; chorrear; currar; entongar; desplumar; fanar; meter la mano en la lata; meter los ganchos; meter los garfios; pillar; punguear; solfear; tragar

**ROB**
to: burgle; clip; dip into the till; fleece; hoist; hold up; knock off; knock over; lift; mug; pinch; rip off; roll; stick up; swipe; take to the cleaner's

---

**SALUDO y RESPUESTA**
**saludo**
- ¿Cómo: andamio?; andás?; me le ha ido?; te está yendo?; va?

**GREETING and REPLY**
**greeting**
- hey; hey you guys; hey there; hiya; hi y'all; howdy; long time

- ¿Qué: acelga?; hubo?; onda curtís?; talco?; tal, fiera?
- ¿Todo: bien?; viento?
- ¿Tudo bem?

no see; what's up?
- how: goes it?; in the world are you?; you was?
- how's: every little thing; the the world been treating you; world treating you; things; tricks

**respuesta:**

**bien**
- bárbaro; de diez; mejor imposible; rebién; siempre bien; si te cuento, te vas a morir de envidia
- todo: bárbaro, bien, viento, viento en popa; un kilo; un lujo

[nota: dicho en tono irónico, el significado es negativo]

**reply:**

**fine**

A-OK; copacetic; dandy; hitting on all six; hunky–dory; peachy; rosy; super; toast
[note: said ironically, the meaning is negative]

**más o menos**

acá andamos; más o menos; maso; ¿qué querés que te diga?; tirando; tirando para no aflojar; viento y bosta

**more–or–less**

comme si, comme ça; plugging away; same-o, same-o; so–so

**mal**
- bien, ¿o querés que te cuente?; estamos mal, pero vamos bien; mal pero acostumbrado; pal carajo
- para: el orto, el joraca, la mierda
- como: el culo, el orto, la mierda, siempre

**bad**

crappy; cruddy; like shit; lousy; rotten; pissy; shitty

---

**SERVICIAL**

gamba; gaucho; pata; pierna

**HELPFUL**

amigo; supergopher

## EL SEXO y SU COMERCIO

**burdel**

amoblado; bordello; casa de masajes; casita; clande; clandestino; cogedero; firulo; garçoniere; mueble; pesebre; puterío; quilo; quilombo; sauna; servicios sexuales; tambo

**cliente**

putañero

**ejercer la prostitución**

atorrantear; callejear; estar de levante; girar; patinar; revolear la carterita; yirar

**prostituta**

alternadora; arrastrada; atorranta; busca; calientapavas; calientapijas; callejera; carro; chica fácil; chirusa; copera; facilita; fiestera; gato; guerrera; levante; ligera; ligera de cascos; ligerita; loca; loquita; mina de tambo; patín; patinadora; potra; profesional; prosti; pulastra; puta; puta barata; putarraca; pistolera; quequera; rápida; rapidita; rea; reputa; rutera; tambera; tiene muchos clásicos corridos; trola; trolaza; trotacalles; trotadora; turra; tuta; una cualquiera; una perdida; yegua; yiro; yirante

**proxeneta**

caficio; cafiolo; cafirulo; cafishio; cafisho; fiaca; madama; rufián; vividor

## SEX and THE BUSINESS OF SEX

**brothel**

body shop; bordello; call joint; cat house; chicken ranch; escort service; ho shop; hook shop; house of ill fame; house of ill repute; house of joy; massage parlor; service station

**customer**

john; trick

**to engage in prostitution**

to: cruise; hook; hustle; peddle ass; streetwalk; turn tricks; walk the street

**prostitute**

alley cat; ass peddler; B–girl; bar girl; call girl; cat; chippy; commercial beaver; easy lay; easy ride; fast chick; flesh peddler; floozy; ho; hooker; hustler; joy girl; lady of the evening; party girl; pickup; piece of ass; piece of tail; piece of trade; professional; punchboard; puta; putana; saleslady; sidewalk susie; slut; street walker; tail peddler; tart; tramp; wench; whore; working girl

**panderer**

driver; easy rider; fancy man; flesh peddler; mackerel; madame; pimp; rack salesman;

[one who] runs a stable

**taxi boy**
gigolo; taxi boy

**male prostitute**
ass peddler; butt peddler; gigolo

**SOPORTAR**
aguantar; ajo; a joderse; ajo y agua; bancar; hamacarse; morfar; tomarlo con soda; yugar

**TO ENDURE**
to: bite the bullet; grin and bear it; gut it out; hang in; hang in there; keep on trucking; macho it out; ride it out; stick in there; stick it out; take it; take it on the chin; take the heat; tough it out

**SORPRENDER EN FALTA**
- agarrar; cachar; cazar; chapar; pescar
- agarrar / cachar / cazar / pescar: con la mano en la masa; con la merca; in fraganti

**TO CATCH IN THE ACT**
- to catch: cold; dead to rights; redhanded
- to catch with: a smoking gun; one's hand in the cookie jar; one's pants down; the goods; the merchandise
- to nail

**TACAÑO**
- agarrado; amarrete; amarrocador; amarroto; codito; devoto de la virgen del codo; gasolero; pijotero; ruso
- ser tan amarrete que podría vender el culo de su madre en fetas; la mortaja no tiene bolsillo; no comer huevos para no tirar la cáscara; tener un cocodrilo en el bolsillo
- pijotear; regatear cual Istanbul; rusear

**STINGY**
- cheap; cheapskate; chinchy; chintzy; close; money grubber; nickel–nurser; nickel–squeezer; penny–pincher; piker; Scotch; Scrooge; skinflint; tight; tightfisted; tightwad
- to: nurse nickels; pinchpennies

**TEMPERATURA**

**calor**

caldera; calor de cagarse; calor de morirse; horno; lorca; ...grados a la sombra

**frío**

- hace: fresquete; frío de cagarse; frío de morirse; ofri; un tornillo
- está: cubito; helado

**TEMPERATURE**

**hot**

- hot: as a furnace; as an oven; as hades; as hell
- blistering; dog days; heat wave; scorching hot

**cold**

cold: as a welldigger's ass (in the Klondike); as a witch's tit; as hell; enough to freeze the balls off a brass monkey

**[DECIR] TONTERÍAS**

boludeces; cualquiera; cualquier verdura; huevadas; pavadas

**[TO SAY] NONSENSE**

baloney; bilge; blah–blah; blather; BS; bull; bunk; crap; crock; crock of shit; garbage; hockey; hogwash; horsefeathers; horseshit; malarkey; rot; rubbish; smoke; trash; yackety–yack

**TONTO**

- abombado; abriboca; adoquín; aparato; baldosa floja; boleado; bólido; boludazo; boludo; boludo con iniciativa; boludón; bolúmetro; boncha; brígido; buenudo; cabeza hueca;cachirulo; cartón; cascote; chabón;chauchón; chichipío; chitrulo; choto; codeguín; conchudo; durazneli; durazno; ente; fanega; fesa; forro; Fresco y Batata; froilán; ganso; gil; gil a cuadros; gilún; huevón; lelo; lenteja; lentosky; lonyi;

**FOOL**

- airhead; asshole; bananahead; bimbo; birdbrain; blockhead; bonehead; boob; bozo; butthead; chump; crazy fuck; dead from the neck up; dimwit; ditz; dork; down a quart; dunderhead; dumbass; dumbbell; dumb as dirt; dumb Dora; dumbo; dumb ox; dumb bunny; dumdum; fathead; geek; goob; goober; goof; goof ball; goofy; knucklehead; jackass; lamebrain; meathead; moron; nerd; nincompoop; ninny; pinhead; retard;

mamerto; marmota; merlo; merluza; misto; nabo; naboleti; oligo; opa; otario; pajarón; pancracio; pangruyo; papa frita; papanatas; paparulo; paquete; pascual; pascualete; pastenaca; pavote; pelandrún; pelotudo; pescado; pipiolo; pizcuí; reboludo; salame; salamín; tarado; tololo; turulo; zanahoria; zapato

- bruto como un arado
- faltarle: unas cuantas filas de ladrillos; unos cuantos caramelos; unos cuantos jugadores; unos cuantos jugadores y el arquero está lesionado
- le faltó un golpe de horno; le patina el embrague; no caza one; no caza ni una; no la ve ni cuadrada; no le sube agua al tanque; se le cayeron unos canelones de la fuente; se le escapó la tortuga; tiene pocas luces
- tocame un: tango; vals

scatterbrain; schmo; shit for brains; stupidass; turkey; twit; wilma

- missing a couple of marbles; slow on the draw; slow on the uptake; soft in the head; the elevator doesn't go all the way to the top; the lights are on, but nobody's home; three bricks shy of a load
- to not: be cooking on all four burners; have enough sense to come in out of the rain; have both oars in the water
- dumb and dumber

**TORPE**

arado; catrasca; chabón; chabonazo; crudo; cua–cua; madera; maleta; más bruto que un arado; mono con una navaja; mono en un bazar; pato criollo: un paso, una cagada; tronco

**CLUMSY**

all thumbs; bull in a china shop; butterfingered; flubdub; flubup; goof–up; klutz; lummox; schlep; schlemiel

| | |
|---|---|
| **VALIENTE**<br>• corajudo; mandado;<br>• tener: bolas; huevos; ovarios de oro; pelotas<br>• tenerlas bien puestas<br>• no: achicarse; arrugar; quedarse atrás | **BRAVE**<br>• ballsy; gutsy; nervy; stand-up<br>• braver than Superman; braver than Wonderwoman |
| **VANAGLORIARSE**<br>• pavonearse<br>• caerse los anillos; desplegar los pergaminos; mandarse la parte; mostrar las jinetas; mostrar los oros; no tener abuelita | **TO BRAG**<br>• to: blow one´s own horn; blow one´s own trumpet; lay it on thick; pat oneself on the back; talk big; toot one´s own horn |
| **VELOCIDAD [IR A]**<br>ir: a las chapas; a los piques; al mango; al taco | **TO SPEED**<br>to: floorboard it; put the pedal to the metal; step on it |
| **VERDAD**<br>• es: clavado; posta; la precisa; la purísima; la verdad de la milanesa<br>• apretá el pomo porque es carnaval; te lo juro; te apuesto lo que quieras | **TRUTH**<br>• the gospel; the honest–to–God truth; the lowdown; straight dope; the straight poop; the straight skinny; the where it's at<br>• you can: take it to the bank; bet your bottom dollar |
| **VIEJO**<br>• ser del: año del jopo; año del pedo; tiempo de la pingoreta; tiempo de Maricastaña; tiempo de ñaupa<br>• más viejo que: andar a pie; la inquisición; las montañas; las sagradas escrituras | **OLD**<br>antideluvian; antique; fogyish; mossy; neanderthal; old as Moses; old as the hills; old–fangled; old–hat; old–timey; so old it hurts; passè; vet; vintage; victorian |

| | |
|---|---|
| **YO**<br>el que suscribe; hablando; ío; moi; sono ío; yopo | **I**<br>little me; little old me; me, myself, and I; moi même; my lonesome; yours truly |
| **ZAPATOS**<br>alpargatas; borcegos; caminantes; camambuses; canoas; championes; Dr. Scholls; elastizados; pamperos; panam; pepés; tacos; tamangos; tarros; timbos | **SHOES**<br>clodhoppers; boondockers; Dr. Scholl's; keds; kickers; leathers; shitkickers; sneakers; stompers; tennies |

Se terminó de imprimir en el mes de
diciembre de 2004 en Imprenta de los
Buenos Ayres S.A.I.C., Carlos Berg 3449.
Buenos Aires - Argentina